跟田田老师一起学剪纸

剪纸在中小学综合实践活动中的开发和利用

田田 ◎著

新华出版社

图书在版编目（CIP）数据

跟田田老师一起学剪纸：剪纸在中小学综合实践活
动中的开发和利用 / 田田著.
— 北京：新华出版社, 2021.5
ISBN 978-7-5166-5788-1

Ⅰ. ①跟… Ⅱ. ①田… Ⅲ. ①剪纸—技法(美术)—中
小学—教材 Ⅳ. ①G634.955.1

中国版本图书馆CIP数据核字(2021)第068787号

跟田田老师一起学剪纸：剪纸在中小学综合实践活动中的开发和利用

著　　者：田　田	
责任编辑：蒋小云	封面设计：邢海鸟

出版发行：新华出版社

地　　址：北京石景山区京原路 8 号	邮　　编：100040
网　　址：http://www.xinhuapub.com	
经　　销：新华书店	
新华出版社天猫旗舰店、京东旗舰店及各大网店	
购书热线：010-63077122	中国新闻书店购书热线：010-63072012
照　　排：中版图	
印　　刷：河北盛世彩捷印刷有限公司	
成品尺寸：285mm×210mm，1/16	
印　　张：18.75	字　　数：480 千字
版　　次：2021 年 5 月第一版	印　　次：2021 年 5 月第一次印刷
书　　号：ISBN 978-7-5166-5788-1	
定　　价：88.00 元	

一起学剪纸

吉凯延题

序　言

　　茌平历史悠久，人杰地灵。著名纵横家鲁仲连、二十四义之一鲁义姑、唐初名相马周、宋代医学家成无己、明代状元礼部尚书朱之蕃、康熙老师王曰高等历史名人都出生在这里。境内有仰韶文化、大汶口文化、龙山文化等遗址。

　　1993年，茌平被文化部命名为"中国民间文化艺术之乡（剪纸）"，部分剪纸作品被中国民间美术博物馆、山东省美术馆等机构收藏。茌平剪纸是省级非物质文化遗产代表性项目。为弘扬地域民俗文化，发挥非遗剪纸的美育功能，促进学生全面发展，茌平区教体局于2009年将茌平剪纸艺术编成校本教材，纳入学校美育课程推广至今。每年举办师生剪纸大赛，坚持不断的教学和大赛，不仅提升了全区中小学生的剪纸水平，还提高了学生的审美能力和创新能力。在美术教师队伍中也涌现出了一批优秀的剪纸能手，田田老师就是其中的佼佼者。她自幼喜爱剪纸艺术，在继承茌平前辈剪纸风格造型简练、粗犷浑厚、质朴传神的基础上，博采全国各地风格特点形成自己古朴自然、清新雅致、精美细腻、栩栩如生的剪纸风格。她的作品多反映民俗风情、时代进步、吉祥寓意等内容，并多次在全国剪纸艺术比赛中获得金、银、铜等奖项。她现为聊城市优秀青年教师、聊城市教学能手、山东省非物质文化遗产（茌平剪纸）代表性传承人、茌平十大剪纸名家，自2009年开始义务传授剪纸技艺。

　　田田老师从自幼的喜爱，到成年后的技法博采成熟，独立创作，再到工作后的传承剪纸技艺，三十余年的生活体验、对剪纸艺术的痴迷追求和多年的教学实践，形成了她现在的剪纸艺术风格与技艺的厚积薄发。

　　剪纸基本技法易学，难在作品的造型设计与构图。因此剪纸作品的造型设计与构图一直是困扰广大剪纸初学者的一大问题。本书精选《山海经》中的100个经典形象作为创作对象，共100个剪纸教程，涵盖了剪影、单色剪纸、衬色剪纸、分色剪纸、喷绘剪纸、填色剪纸、彩贴剪纸等十余种剪纸技法，以图文结合的方式，从构思、构图、装订、剪贴、装裱保存等步骤，一步一步详细展示剪纸创作的全过程。为更直观地将剪纸创作过程呈现给广大读者，还特别制作了视频教程，扫描书中二维码即可观看。

　　全书共分为三个部分，分别是：《异兽篇》《鱼鸟篇》《人神篇》。每3课为一个小单元，详细介绍一种剪纸技法，即可学习系列剪纸又可做单个教程使用。教程通俗易懂，直观形象，实用性强，便于操作。既可作为各类剪纸培训的参考教程，也可作为剪纸爱好者提高技艺的实用手册：让初学者入门，使熟练者提升。

　　需要说明的是，本书中各个形象，是作者根据明代胡文焕《山海经图》和清代吴任臣《增补绘像山海经广注》典籍，参考《禽虫典》等书籍结合自己的想象设计创作而成，各位读者也可在此基础上进行再创作，形成自己的作品。每个教程前都有《山海经》原文及释义，这样做是为了让大家先了解创作对象的形象，对创作对象有所了解，才能胸有成竹的进行创作。

　　《山海经》是一部充满想象力的奇书，书中描绘的异兽、珍禽、鱼蛇、异人等形象，早已经成为后世文学、艺术创作的源泉。大家对书中的形象进行创作，这样不仅可以培养发散思维，打开想象的空间，还可以激发想象力、创作力、提高绘画能力、剪纸创作能力和鉴赏能力。同时，大家在学习剪纸的过程中，了解《山海经》这本奇书的同时，对祖国的传统民俗文化进行学习，可谓是一举两得。谨祈阅读者众，并珍之惜之。

吉凯丰
2021辛丑孟夏于古茌平

剪纸那些事

一、剪纸定义

剪纸是作者运用剪刀、刻刀等工具，在纸上进行剪、刻、镂空等艺术加工，使之达到造型目的，成为有装饰性情趣的平面造型艺术品。中国剪纸历史悠久，所独特的艺术魅力和文化内涵，在世界艺术之林里独树一帜。

学术界对剪纸的定义大致持有两种观点。一种认为：只有用剪刀在纸上剪出来的作品才能称为剪纸；另一种则相对广义：认为用剪刀、刻刀、撕、烙等技法所形成的作品都可以称为剪纸。

为什么会出现两种不同的看法呢？笔者认为这是因为剪纸的地域性很强。剪纸与国画和书法是不同的，国画和书法在古代的时候都是哪些人来从事？对！大文豪、大才子等文化层次比较高的人，他们进行艺术交流还是有便利条件的。而剪纸呢？从事剪纸的一般是劳动妇女，在古代封建社会，她们进行交流是比较困难，基本局限于乡村邻里之间，这就导致了剪纸的地域性非常强。不同的地方剪纸风格不同，使用的工具也不同，当然每个人的观点也不相同。

二、剪纸的起源

对于剪纸的起源，一般有以下观点：

1.由于纸发明的比较晚，在纸出现之前是没有剪纸艺术的，但古代的人们运用薄片材料，通过镂空雕刻的技法制成工艺品的历史，却早在纸还未出现时就已流行，他们的出现都为民间剪纸的形成奠定了一定的基础。所以，有的学者认为，剪纸的萌芽状态可以追溯到原始社会，猿人在石片、石器、贝壳上面打洞。

2.有的学者则把《史记》中记载的"剪桐封弟"的故事作为剪纸的起源，西周初期成王将梧桐叶剪成玉圭的形状，赠予弟姬虞，封他到唐国（今山西南部）去当诸侯，古时"唐"与"桐"谐音，这可能是有关剪纸的最早记载了。

3.还有人认为起源于汉武帝时期，在晋朝干宝的《搜神记》中记载了汉武帝因李夫人去世而悲伤，方士李少翁为了安慰汉武帝，用棉帛剪出李夫人的影像，支幔设灯影射出其影像，以解汉武帝哀思，宋代高承在他的《事物纪原》一书中谈到皮影时，也引用此例，因此也常被看作是剪纸与皮影的起源。

4.最广泛的一种看法认为剪纸的产生与民俗有关，汉朝时期人们"剪彩为幡"，即用彩色的丝帛剪成幡挂在树枝上，或戴在头上，用于立春日的祈福。

……

三、现存最早的剪纸实物

现存最早的剪纸作品是1959年在新疆吐鲁番火焰山阿斯塔那古墓出土的北朝时期(公元386-581年)的五幅团花剪纸，距今已有1500余年的历史。由此可见团花是剪纸最古老的表现形式之一。

对鹿（马）团花【残片】1959年新疆出土

对鹿（马）团花【复原件】

对猴团花【残片】1959年新疆出土

对猴团花【复原件】

四、剪纸艺术特点

剪纸艺术的特点：千剪不断，万剪不乱。剪纸作品采取镂空的办法，由于其独特的艺术性，形成了阳剪的剪纸线线相连，阴剪的剪纸线线相断。如果其中一部分线条剪断，就会使整张剪纸支离破碎，形不成完整的画面。由此就产生了这种千剪不断、万剪不乱的结构。这是剪纸艺术的一个重要特点。

剪纸易学却难精。"看花容易绣花难"，剪纸也是一样的道理。剪纸艺术家们经过多年的练习，技艺炉火纯青，剪出的线条：方如青砖、圆如明月、尖如麦芒、细如发丝，这是一幅好的剪纸作品在基本功上的要求。

五、剪纸的风格

剪纸的风格多样，大体可以分为两种：简刻、繁刻。其中北方剪纸大多粗犷豪放、大气磅礴；南方剪纸大多精巧细腻、秀丽婉约。如果细分，北方剪纸可还分为：陕西剪纸、满族剪纸、山东剪纸等；南方剪纸可分为：广东剪纸、金坛刻纸、湘西凿花等，这些剪纸各有特点。地处北方的蔚县剪纸，风格极其独特：实多余虚、黑大于白、面强于线，尤其是染色剪纸更是色彩艳丽，令人过目难忘，极富地域特色。清代末年，蔚县剪纸工具变革，由"剪"变"刻"，20世纪初，蔚县剪纸在构图、造型和色彩上也逐渐形成了自己独特的艺术风格，开创了别具一格的民间剪纸新流派。

六、剪纸的表现形式

剪纸艺术家是如何对剪纸进行表现的呢？剪纸的表现形式大体可以分为两种：单色剪纸、多色剪纸。

顾名思义，单色剪纸就是一幅剪纸作品中只出现了一种颜色。多色剪纸也叫彩色剪纸，有人也把彩色剪纸称为套色剪纸。是指一幅剪纸作品中出现了两种以上的颜色。

单色剪纸的表现形式：如剪影、对折、连续对折、团花、阳剪、阴剪、阴阳混合剪等。团花的形式多样，根据其折法不同，最常见的是四折、八折、三折、六折、五折，也可以七折、11折、13折等。

多色剪纸的表现形式：分色剪纸、填色剪纸、衬色剪纸、彩贴（堆色）剪纸、染色剪纸等。其中染色剪纸以河北蔚县最为有名。

剪纸的样式：最常见的要数窗花、墙花、顶棚花、门笺花、喜花、礼花、剪纸绣花样等。

七、剪纸的应用

勤劳智慧的中国劳动人民把剪纸的装饰性表现得淋漓尽致，能工巧匠们还把剪纸应用到了工艺流程中，如剪纸绣花样、蜡染、陶瓷等。随着社会的发展，科技的进步，剪纸更是与我们的生活息息相关，如书籍的封面、藏书票、服饰、舞台设计、微信小表情等等。

八、剪纸的题材

剪纸的题材非常广泛，包括：动物、植物、人物、风景、民俗、吉祥图案与吉祥语。剪纸不仅表现了人们喜闻乐见的事物，还表达了对美好生活的向往和丰富的艺术想象力，所以吉祥图案在剪纸中占有非常重要的地位，如：福在眼前、喜上眉梢、太平有相……形成了富有特色的艺术形式。

九、剪纸的常用工具与材料

剪纸的工具：剪刀、刻刀、蜡板等。

剪纸艺人所用的剪刀大部分都是经过特殊打磨的，剪刀头呈圆锥形，剪刀尖特别尖利。我们可以用磨石、粗细不同的砂纸自行打磨，也可以购买打磨好的剪刀。几乎每个剪纸艺人都有两到三把不同大小的剪刀（主要是剪刀头的长度不一样），刀头短的剪刀用来剪细小的地方和短毛刺，中等长度的既可以剪细小的地方也可剪稍长一些的毛刺，刀头最长的可以用来剪长毛刺、大的块面和比较大的作品。

刻刀：传统刻纸艺人所用的刻刀多数是自己制作的，多用钢条、锯条等。先用锤子将钢条打成扁平的薄片，然后经过锉、磨、淬火等多个工序，才能做成一把衬手的刻刀。

蜡板：用长木条和三合板订成框，然后将蜂蜡、草木灰、牛油等按一定的比例熬制，然后倒进木框里面冷却即可。

剪纸的材料：红纸、宣纸、彩纸、广告纸等。

普通红纸：分厚薄两种，一面红一面白。优点是较硬挺，适合初学者；缺点是容易掉颜色。

双面红宣纸：两面都是红色，分手工和机器两种。手工软薄，机器的稍厚稍硬。优点是双面都是红色，适合贴窗花，缺点是易掉色。

万年系列宣纸：万年系列宣纸是涂层纸，即生产出宣纸后，用丝网印等工艺将颜色覆盖到纸的表面，就成了一面红一面白的宣纸。由于颜色持久，不易掉色，所以称为万年红。万年系列的宣纸有多种颜色，常见的有红、黄、黑、青花瓷等颜色。万年宣纸也有手工和机器两种，机器万年宣纸优点是硬挺，不掉色，缺点是较厚，层数多了难以剪透。手工万年宣纸优点是薄，不掉色，缺点是纸的韧性不足，剪毛刺和细线条的时候容易出现断的情况。现在市面上的大部分红色宣纸都是书法用纸，很少有真正适合剪纸用的。有的万年红宣纸表面有描金的纹样或洒金斑点，显得很漂亮，但影响剪纸的整体观看效果。

丝红纸：也叫毛边纸，是天津出产的一种特殊工艺的纸张。这种纸，薄而挺，非常适合剪纸，缺点是容易掉颜色。这种纸只有清明后，天气相对较干燥的北方才能手工生产，产量稀少，不易买到。

彩纸：儿童折纸用的普通彩纸，还有一种表面印有漂亮图案的纸，用来剪纸可以体现特殊效果。缺点是纸张一般较小，较厚。

广告纸：广告宣传单，可以利用上面的图案进行巧色剪纸，会出现意想不到的效果。缺点是纸张较厚。

剪纸答疑

问：剪纸应该用剪刀剪还是用刻刀刻？

答：两种工具各有优点。剪刀便于携带，一般剪纸表演多用剪刀。刻刀要配合蜡板使用。剪纸根据纸的厚薄，一般以4-6层纸最易剪。熟练的刻纸艺人，一般能刻40层纸左右。

问：应该选择哪种剪刀？

答：剪刀头的长短各有不同，建议：剪刀头短、中、长各要一把。头短的可以用来开边（开边：术语，意指用剪刀尖扎孔后，沿线条剪开）、剪细小的毛刺、剪小作品。中长的可以用来剪较长的毛刺。

比较长的可以用来剪长毛刺和比较大的作品。

问：如何磨剪刀？

答：这里说的磨剪刀，是指把剪刀尖打磨尖锐。可以购买油石和砂纸进行打磨，打磨颇费功夫，还要有一定的经验，初学者不建议自己磨剪刀，可以网上购买打磨好的剪刀。

问：选择哪种蜡板？

答：现在市面上的蜡板一般分为三种：一种是专业蜡板，以河北蔚县出产的最为有名，最为正宗。是用：蜂蜡、草木灰按一定的比例制作而成，较硬。

较硬适中的蜡板：黄蜡板，以蜂蜡、香灰、牛油按一定的比较制作而成，初学者多选此蜡板。目前市面上出现了红、蓝、绿、紫等颜色的蜡板，系加入了色素进行了调色。

软蜡板：粉板，以极少量的蜂蜡、大量的面粉、防腐防虫药品制作而成。

市面上的蜡板一般有两种托盘，一种是木制托盘，另一种是不锈钢托盘。传统的蜡板都是木制托盘制作，由于南方一些地方空气潮湿，木制托盘有可能会发霉，可以选用不锈钢托盘的蜡板。

问：选择多大的蜡板？

答：一般建议A4大小即可。当然也可以根据自己的需要进行定做。

问：可以自己制作蜡板吗？

答：可以。但过程复杂，一般不建议自行制作。普通蜡板可用实木条和三合板订成框，再用白蜡、黄蜡、筛细的草木灰或香灰、牛油，经小火熬化成液体后，倒入订成的木框冷却成形即可。

问：用什么样的纸？

答：初学者建议用普通红纸，如果剪窗花可以用双面红宣纸，如果作品需要装裱，可以选用剪纸专用万年宣纸。不同的纸有不同的效果，报纸、广告纸等多种纸张都可以用来剪纸。我们在剪纸过程中，要善于发现不同纸张的特点，找到适合自己的纸张。

问：一幅作品可以用剪、刻结合的方式完成吗？

答：这个问题真的不好回答。小编所处的地方是剪纸之乡，一般作品都是用剪刀完成的。其他地区有用刻刀的。我想只要大家喜欢，可以体会一下用剪刀剪，也可以体会一下用刻刀刻，两种工具的技法完全不同，大家多掌握一种工具并没有什么不好。随自己的心意吧！

问：我用的价格昂贵的纸和剪刀，为什么剪出来的作品不好？

答：我一直建议初学者用普通的红纸就可以，文具店里都能买到，大概1元左右一张。熟练之后，如果想把作品装裱起来，可以再选用万年红宣纸。

剪纸是一种艺术，与纸的好坏、剪刀的好坏并没有太大的关系，主要是勤学苦练。

有很多剪纸技巧，光凭老师指导是不行的，还要靠自己领悟，俗话说：老师领进门，修行靠个人！

《山海经》简介

　　《山海经》是我国先秦时期重要古籍之一，这是一部最古老的奇书，也是一部富于神话传说的书。我们所熟知的精卫填海、夸父逐日等都出自该书。遗憾的是该书作者不详，著书年代也无从定论，现代学者大多认为成书并非一时，作者亦非一人。

　　《山海经》传世版本有18卷，其中《山经》5卷，分别是：第一卷《南山经》、第二卷《西山经》、第三卷《北山经》、第四卷《东山经》、第五卷《中山经》；《海经》13卷，分别是：第一卷《海外南经》、第二卷《海外西经》、第三卷《海外北经》、第四卷《海外东经》、第五卷《海内南经》、第六卷《海内西经》、第七卷《海内北经》、第八卷《海内东经》、第九卷《大荒东经》、第十卷《大荒南经》、第十一卷《大荒西经》、第十二卷《大荒北经》、第十三卷《海内经》。

　　现在可见的最早版本为晋朝郭璞所注《山海经传》。但《山海经》的书名《史记》便有提及，最早收录书目的是《汉书·艺文志》。至于其真正作者，前人有认为是禹、伯益，经西汉刘向、刘歆编校，才形成传世书籍。现大多数学者认为，《山海经》是一部早期有价值的地理著作。

　　山海经内容非常广泛，包括山川、地理、民族、物产、药物、祭祀、巫医等。也保存了夸父逐日、精卫填海等脍炙人口的远古神话传说和寓言故事。

　　《山海经》具有非凡的文献价值，对中国古代历史、地理、文化、中外交通、民俗、神话等的研究，均有参考。其中的矿物记录，更是现存世界上最早的有关文献。

书中的剪纸，大多都是巴掌大，约在20×30cm以内。一是方便初学者创作学习，二是方便剪制。

画图的时候，先将图案画在白色的纸张上，然后将纸订在彩纸上，再剪纸。这样做，一是方便修改，二是图案清晰，三是整洁，四是便于保留草稿。

注：大家要注意保留剪完后的白色底稿，底稿可以用来做喷印（绘）剪纸、衬色剪纸的模板。

在剪纸之前，我们先来了解一些构图时经常用到的基本形状，掌握好这些形状，在今后的学习中，我们将会事半功倍。大家可以多练习以下线条与形状，这对以后进行构图有莫大的帮助。

下图特别重要，一定要烂熟于心！

简笔画基本线条与形状

点	横线	竖线	斜线	折线
弧线	波浪线	锯齿线	螺旋线	蜗牛线
正方形	长方形	三角形	梯形	平行四边形	棱形
扇形	鼓形	圆形	半圆形	椭圆形	梭形
茄形	月牙形	飘带形	尾巴形	瓦片形
五边形	冬瓜形	豆瓣形	心形	舌形

目 录
Contents

第一部分　异兽篇

目 录
Contents

目 录
Contents

《鳌鮡鱼》 剪纸手绘稿

第一部分

异兽篇

《狌狌》 剪纸手绘稿

第1课　狌狌

原文： 南山经之首曰䧿（què）山。其首曰招摇之山。临于西海之上，多桂，多金、玉。有草焉，其状如韭而青花，其名曰祝馀（yú），食之不饥。有木焉，其状如榖（gǔ）而黑理，其花四照。其名曰迷榖，佩之，不迷。有兽焉，其状如禺（yù）而白耳，伏行人走，其名曰狌（xīng）狌（xīng），食之，善走。《南山经》

译：《南山经》中所记载的第一个山系是䧿山山系。䧿山山系的第一座山叫招摇山，位于西海旁边，山中长有很多桂树，盛产金玉矿石。山中长有一种青色的草，开黑色的花，外形像韭菜，这种草叫祝馀，人吃了就不会感到饥饿。山上还有一种高大的、外形像构树的树木，发出的光能照耀四方。这种树叫迷榖，人佩戴上它的枝条，就不会迷失方向。山中还有一种野兽，外形像猿猴，长着白色的耳朵，既能用四肢爬行，也能像人一样直立行走，它的名字叫狌狌，人吃了它会跑得很快。

各色纸张、剪刀、铅笔、橡皮、订书机等。

创作过程

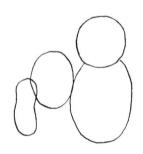

　　根据了解到的资料，抓住创作主体的主要特征，进行构思。"其状如禺"也就是说外形像猿猴，这是创作对象的主要特征，那么我们在创作的时候要抓住这个特征。在心中想象出主体的形象，然后再用基本形状和线条来概括主体形象。如：头部——圆形；身体——椭圆形。传说狌狌爱喝酒，还喜欢穿草鞋，添画酒坛和草鞋。酒坛——椭圆形、草鞋——冬瓜形。

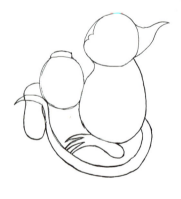

　　根据心中的想法，添画四肢、尾巴、耳朵等，完成主体外形。在添画的时候，要注意突出主体特征。想一想，我们如何将主要特征进行表现。

　　修改完成，并用橡皮擦去多余线条。

装订，根据纸张的厚度决定装订的层数，一般以4-6层纸张为宜。装订的时候，我们要注意两点：订密一些，防止在剪的时候产生错位；仔细观察，确定需要装订的位置，切记不能订到图案上。

按照一定的顺序，先剪用剪刀扎孔才能剪的地方（图中蓝色区域），然后再剪外轮廓。剪纸顺序：由小到大，或由左到右，或由上到下，或由内及外，也可自行总结。

完成。

手机扫一扫看视频教程
密码：123321

小知识

剪影：依照人脸或人体及其他物体的轮廓剪纸成形谓之剪影。

剪影

普通剪纸

单元作业：创作一幅剪影作品。

拓展：1.给创作的剪影添画剪纸符号，变成一幅剪纸。

2.有能力的同学可以试着剪出背景，或画出背景。

第2课　鹿蜀

原文：又东三百七十里，曰杻（niǔ）阳之山。其阳多赤金，其阴多白金。有兽焉，其状如马而白首，其文如虎而赤尾，其音如谣，其名曰鹿蜀，佩之，宜子孙。《南山经》

译：再往东行三百七十里，有一座杻阳之山，这座山的南面盛产黄铜，北面盛产白银。山中有一种野兽，形状像马，头是白色的，身上有虎一样的斑纹，还长着火红的尾巴，它的叫声像唱歌一样好听，这种动物名叫鹿蜀。人们佩戴它的皮毛，就能多子多孙。

工具与纸张：各色纸张、剪刀、铅笔、橡皮、订书机等。

创作过程

剪影

普通剪纸

第3课　羬羊

原文：《西山经》华山之首，曰钱来之山，其上多松，其下多洗石。有兽焉，其状如羊而马尾，名曰羬（qián）羊，其脂可以已腊。《西山经》

译：西山经记载的第一座山系是华山山系，华山山系的第一座山叫钱来山。山上长有很多松树，山下有很多可以用来洗澡的石头。山中有一种野兽，像长了马尾巴的羊，它的名字叫羬羊，它的油脂用来滋润干燥的皮肤特别有效。

工具与材料：各色纸张、剪刀、铅笔、橡皮、订书机等。

创作过程

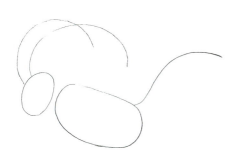

剪影

普通剪纸

第4课　猼訑

原文： 又东三百里，曰基山。其阳多玉，其阴多怪木。有兽焉，其状如羊，九尾、四耳，其目在背，其名曰猼（bó）訑（yí）。佩之，不畏。《南山经》

译： 再往东走三百里，有一座基山，这座山的南面盛产玉石，北面却长满了奇怪的树木。山中有一种名叫猼訑的怪兽，长得像羊，有九条尾巴和四只耳朵，更令人奇怪的是，它的眼睛居然长在背上。人如果佩戴它的皮毛，就不会感到害怕。

工具与材料：各色纸张、剪刀、铅笔、橡皮、订书机等。

创作过程

根据了解到的资料，抓住创作主体的主要特征，进行构思。"其状如羊"也就是说外形像羊，这是创作对象的主要特征，那么我们在创作的时候要抓住这个特征。在心中想象出主体的形象，然后再用基本形状和线条来概括主体形象。如：头部——豆瓣形；身体——椭圆形；再勾画出四肢和角。

根据心中的想法，添画完成主体外形。我们还要抓住：四耳、九尾、目在背，这些特征。想一想，我们如何将主要特征进行表现？可以对某一部位进行夸张。通过资料我们可以了解猼訑的眼睛在背上，所以在创作的时候，可以对眼睛进行夸张，以突出其特征。

用橡皮擦除多余的线条，并进行细化。注：初学者如果觉得右图身体上的图案太复杂，大家可以略去眼睛下方的剪纸符号不画、不剪。

装订后开始剪纸。装订时根据纸张厚薄，可以在图稿下方装订4-6层纸。注意观察，不要订到到图案上。装订完之后，按一定的顺序来剪。

剪纸顺序：先里后外，先上后下，先左后右，先中间后两边，先剪需要用剪刀扎孔才能剪的地方，也可自行总结剪纸规律。

完成。

可用绘画的方式添加背景。

手机扫一扫看视频教程
密码：123321

剪纸符号：也叫剪纸元素，有的地方也称为剪纸纹样，是剪纸中常见的相同或不相同的各种形状，相当于汉字的笔画。

常见的剪纸符号有：圆纹、锯齿纹、月牙纹、水滴纹等。

各种剪纸符号各有特点，在剪纸中，它们就像调味料一样有规律地结合在一起使用，这样既能有效地避免形式单一，又能使画面呈现丰富的装饰效果。

水滴纹

锯齿纹

三角形

四边形

半圆

月牙纹

圆孔（圆纹）

不规则多边形

单元作业：创作一幅剪纸作品。

拓展：用剪或画的方式为创作的剪纸作品，简单添加背景。

第5课 飞鼠

原文：又东北二百里，曰天池之山，其上无草木，多文石。有兽焉，其状如兔而鼠首，以其背飞，其名曰飞鼠。渑（shéng）水出焉，潜于其下，其中多黄垩（è）。《北山经》

译：再往东北走二百里，有一座高山名天池山，山上没有草木，却盛产一种长有花纹的石头。山里有一种怪兽，外形像兔子，却长着老鼠一样的头，背上长着很多长毛，它飞行的时候就用到这些长毛，这种动物叫飞鼠。渑水就发源于这里，在山下潜流成地下河，水中有很多黄色的垩土，这种土可以用来制作涂料。

工具与材料：各色纸张、剪刀、铅笔、橡皮、订书机等。

创作过程

通过观察，我们发现上图为对称图形，那么可以先将纸对折然后画出一半图形再剪纸即可。

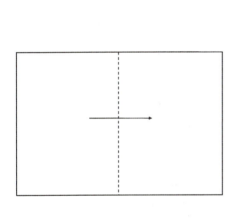
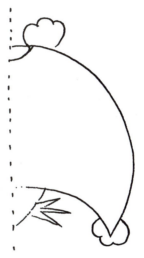

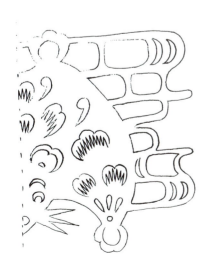

第6课 兕

原文：兕（sì）在舜葬东，湘水南，其状如牛，苍黑，一角。《海内南经》

译：舜帝陵寝的东方便是独角犀牛的栖息地，这个地方位于湘水河的南方。独角犀牛长得像牛，浑身乌黑，头上只长着一只犀角。

工具与材料：各色纸张、剪刀、铅笔、橡皮、订书机等。

创作过程

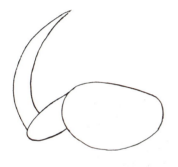

第7课　猾裹

原文： 又东三百四十里，曰尧光之山。其阳多玉，其阴多金。有兽焉，其状如人而彘（zhì）鬣（liè），穴居而冬蛰，其名曰猾（huá）裹（huái），其音如斫（zhuó）木,见则县有大繇（yáo）。《南山经》

译： 再往东行三百四十里，有一座大山，名叫尧光山。这座山的南面盛产玉石，北面则盛产金属。山中有一种怪兽，长得像人，却又长着又长又硬的猪毛，它住在洞居里，冬眠，它的名字叫猾裹，它的叫声如同砍树发出的声音，它出现在哪里，哪里就会频繁服徭役（yáo yì）。

1.各色纸张、剪刀、铅笔、橡皮、订书机等。

2.星空纸或广告纸。

创作过程

根据了解到的资料，抓住创作主体的主要特征，进行构思。"其状如人而彘鬣"也就是说外形长得像人，却长着猪一样的毛。这是创作对象的主要特征，那么我们在创作的时候要抓住这个特征。在心中想象出主体的形象，然后再用基本形状和线条来概括主体形象。如：头部——圆形；身体——椭圆形；然后按照人的样子画四肢。

用橡皮擦去多余线条后，再添画剪纸符号进行美化。这里重点说一下猾褢耳朵的画法，我们把耳朵设计成花朵（画法详见本课小技巧）。注：初学者可以略去背上和手上的叶子。

全部完成后，添画毛刺（熟练后可以不画毛刺）。

第一次装订。注意：本次剪纸，我们一共需要进行两次装订，这是第一次，装订2-3层为宜，建议大家至少装订一张黑色纸。

注意：只剪身体和叶子上的花纹，图中红色标注地方先不要剪。

第二次装订。在剪完身体和叶子上的花纹后，在剪好的图案下方，继续装订星空纸或其他纸张，根据纸张厚薄情况装订2-3层为宜。

单色剪纸　　　　　　　剪影　　　　　　　整体衬色

剪完后，我们得到两种不同形式的剪纸。即：单色剪纸、剪影。将剪纸放在剪影上面，然后用胶棒固定，得到：整体衬色剪纸。

　　锯齿纹也叫毛刺、牙牙、毛毛，是最常见的一种剪纸符号，经常用来表现动物的尾巴、花朵的花瓣、人物的发梢、衣纹等。剪锯齿纹又叫打毛刺、打牙牙、打毛毛等。

　　剪锯齿纹的时候，可以先根据构思画出一条直线或弧线，然后再画出锯齿。剪的时候，一般左手拿纸，右手执剪，剪刀尖先沿画出的直线或弧线剪开，剪纸中的术语叫：开边。开完边后，左手捏紧纸张，剪刀尖从右侧开始，依次向左剪。

　　注意：锯齿的长短、粗细与剪刀的倾斜度和左手移动的幅度有关。熟练的剪纸艺人能在1厘米的距离内打出40多根毛刺。

　　俗话说"百步穿杨，熟能生巧"，剪纸也是同样的道理，只要勤加练习，就能掌握剪纸技巧。

小技巧

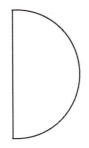   

半朵花瓣画法：1.先画半圆形。

　　　　　　　　2.分成三份，中间一份略大，两侧略小。

　　　　　　　　3.用橡皮擦去多余线条。

　　　　　　　　4.添画毛刺。

注：熟练后，可略去第一步。

单元作业：创作完成一幅整体衬色剪纸。

拓展：尝试给创作的作品简单搭配背景，可采用剪或画的形式。

手机扫一扫看视频教程
密码：123321

第8课 穷奇

　　原文： 又西二百六十里，曰邽（guī）山。其上有兽焉，其状如牛，蝟（wèi）毛，名曰穷奇，音如獆（háo）狗，是食人。《西山经》

　　译： 再向西行二百六十里，有座大山名叫邽山。山里有种像牛一样的野兽，长着刺猬一样尖利的刺毛，它的名字叫穷奇。声音就像狗在狂吠，这种猛兽吃人。

1.各色纸张、剪刀、铅笔、橡皮、订书机等。

2.星空纸或广告纸。

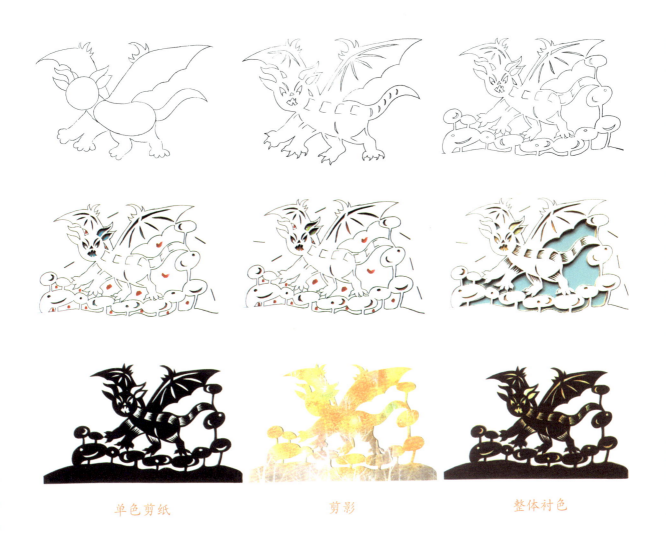

单色剪纸　　　　　　　　　剪影　　　　　　　　　整体衬色

　　剪完后，我们得到两种不同形式的剪纸，即：单色剪纸、剪影。将剪纸放在剪影上面，然后用胶棒固定，得到：整体衬色剪纸。

第9课　诸犍

原文： 又北百八里，曰单张之山，其上无草木。有兽焉，其状如豹而长尾，人首而牛耳，一目，名曰诸（zhū）犍（jiān），其鸣善吒（zhà），行则衔其尾，居则蟠（pán）其尾。《北山经》

译： 向北行一百八十里，有一座单张山，山上不生草木。却有一种野兽，它长得像豹子，拖着一条长长的尾巴，长着人的脸，牛的耳朵，只有一只眼睛，它的名字叫诸犍。它善于吼叫，行走的时候衔着自己的尾巴，休息的时候则盘着尾巴。

工具与材料

1.各色纸张、剪刀、铅笔、橡皮、订书机等。
2.星空纸或广告纸。

创作过程

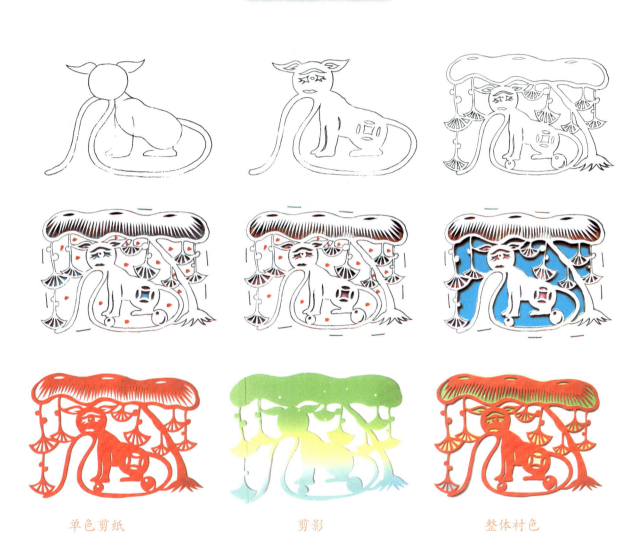

单色剪纸　　　　　　　　剪影　　　　　　　　整体衬色

　　剪完后，我们得到两种不同形式的剪纸，即：单色剪纸、剪影。将剪纸放在剪影上面，然后用胶棒固定，得到：整体衬色剪纸。

第10课　孰湖

原文：西南三百六十里，曰崦（yān）嵫（zī）之山，其上多丹木，其叶如榖（gǔ），其实大如瓜，赤符而黑理，食之已瘅（dān），可以御火。其阳多龟，其阴多玉。苕（tiáo）水出焉，而西流注于海，其中多砥（dǐ）砺（lì）。有兽焉，其状马身而鸟翼，人面蛇尾，是好举人，名曰孰（shú）湖。

译：再向西南行三百六十里的地方，是崦嵫山，山上长有很多丹树，这种树的叶子和构树的叶子一样，结的果实像瓜那么大，它红色的花萼上有黑色的纹理，吃了它可以治疗瘅症，种植它可以防火。这座山的南面有很多龟，北面盛产玉石。苕水河从这里流出向西注入大海，河中有很多磨石。这里有一种怪兽，身体像马，却长着鸟一样的翅膀，它的脸像人的脸庞，却长着蛇一样的尾巴。这种野兽喜欢把人高高举过头顶，它的名字叫孰湖。

1.各色纸张、剪刀、铅笔、橡皮、订书机等。

2.星空纸或广告纸。

创作过程

单色剪纸　　　　　　剪影　　　　　　整体衬色剪纸

剪完后，我们得到两种不同形式的剪纸，即：单色剪纸、剪影。将剪纸放在剪影上面，然后用胶棒固定，得到：整体衬色剪纸。

第11课　溪边

原文：又西三百五十里，曰天帝之山，上多棕（zōng）楠（nán）；下多菅（jiān）蕙（huì）。有兽焉，其状如狗，名曰溪（xī）边，席其皮者不蛊（gǔ）。《西山经》

译：再往西行三百五十里，有座天帝山，山上多棕榈树和楠树；山上多茅草和蕙兰。山中有一种野兽，外形像狗，名叫溪边，如果用它的皮座席子，人坐在上面可以不受蛊惑。

工具与材料

1.常用工具材料：各色纸张、剪刀、铅笔、橡皮、订书机等。
2.特殊工具材料：打火机、香、湿纸巾等。

 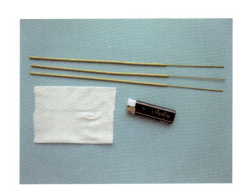

创作过程

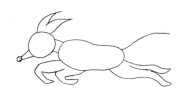

　　根据了解到的资料，抓住创作主体的主要特征，进行构思。"其状如狗"也就是说外形像狗，这是创作对象的主要特征，那么我们在创作的时候要抓住这个特征。

　　在心中想象出主体的形象，然后再用基本形状和线条来概括主体形象。如：头部——圆形；身体——冬瓜形；再用线条勾画出四肢、耳朵、鼻子、尾巴等。

　　添画背景。

　　先用橡皮擦去多余线条，再添画剪纸符号。轻轻地用线条或虚线标画出需要香烧的地方。

装订。注意：香烧剪纸不能订太多层，根据纸张厚度以1-2层纸为宜。

先剪部分剪纸符号，将需要用香烧的地方留出来。

注：也可以先香烧，后剪纸。

按构思进行香烧。香烧完成后，继续把剩余的地方剪完。

完成。

手机扫一扫看视频教程

密码：123321

小知识

香烧：是一种技法。香烧剪纸是选用纸张，根据图案的特点，用不同的香点烧，进行创作。香烧技法的作品，对比强烈、古朴自然，具有原始美。

小技巧

花朵画法：1.先画半圆，圈出范围。

2.画花瓣。

3.擦去多余线条。

单元作业：用香烧的技法创作完成一幅剪纸作品。

拓　　展：试试看用哪种颜色的纸效果最好，将完成的作品放在
不同颜色的卡纸上，观察颜色对比，为以后做衬色、
填色剪纸做准备。

第12课　诸怀

　　原文：又北二百里，曰北岳之山，多枳（zhǐ）棘（jí）、刚木。有兽焉，其状如牛，而四角、人目、彘（zhì）耳，其名曰诸怀，其音如鸣雁，是食人。《北山经》

　　译：再往北行二百里有一座高山，是北岳山，山上长有很多的枳树、荆棘和檀木。山中有种野兽，长得像牛，生有四个犄角，长着人一样的眼睛，猪一样的耳朵，它的名字叫诸怀，发出的声音像大雁在鸣叫，这种野兽吃人。

工具与材料

1.常用工具材料：各色纸张、剪刀、铅笔、橡皮、订书机等。
2.特殊工具材料：打火机、香、湿纸巾等。

创作过程

第13课　骍马

原文：又北三百五十里，曰敦头之山，其上多金、玉，无草木。旄（máo）水出焉，而东流注于印泽。其中多骍（bèi）马，牛尾而白身，一角，其音如呼。《北山经》

译：再往北行三百五十里是敦头山，山上盛产金属和玉石，却寸草不生。旄水河从这里流出向东注入印泽湖。这里有很多骍马，长着牛一样的尾巴，身躯是白色的，只长有一只角，它的叫声就像人在呼喊。

工具与材料

1.常用工具材料：各色纸张、剪刀、铅笔、橡皮、订书机等。

2.特殊工具材料：打火机、香、湿纸巾等。

创作过程

第五章
喷绘剪纸——先喷绘后剪纸

第14课　讙

原文：西水行百里，至于翼望之山，无草木，多金、玉。有兽焉，其状如狸，一目而三尾，名曰讙（huān），其音如夺百声，是可以御凶，服之已瘅（dān）。《西山经》

译：沿水路再向西行一百里，就到了翼望山，山上不长草木，盛产金属和玉石。山中有种野兽，样子像狸，只长了一只眼睛，却有三条尾巴，它的名字叫讙。它的声音大的能压倒一百种动物的叫声，饲养它可以防御凶邪，吃它的肉则能治疗黄瘅病。

工具与材料

1.常用工具材料：各色纸张、剪刀、铅笔、橡皮、订书机等。
2.特殊工具材料：小碟子、牙刷、水粉笔、丙烯颜料、水等。

创作过程

用水调匀颜色后，用牙刷蘸取适量的颜色，在铅笔上拉动，牙刷上的颜色就会喷洒在纸张上（建议用厚一些的纸张），形成斑驳的效果。喷完一种颜色后，洗干净牙刷毛笔，再喷另一种颜色。

建议喷在黑色、白色或其他颜色的纸张上，多喷几张，并晾干。

根据了解到的资料，抓住创作主体的主要特征，进行构思。"其状如狸"也就是说外形像狸猫，这是创作对象的主要特征，那么我们在创作的时候要抓住这个特征。

在心中想象出主体的形象，然后再用基本形状和线条来概括主体形象。如：头部——扇形，身体——茄形，然后画耳朵和四肢。

先添画完成整体形象，注意抓住"一目、三尾"这些特点。对眼睛进行夸张，以突出主体形象。

先用橡皮擦去多余的线条，然后继续添画身体及尾巴上的剪纸符号。

装订。将喷绘好的纸张订在图案下方，由于纸张较厚，一般订2-3张。注意：一定要等喷绘的纸完全干透才能装订。

按照由里及外的顺序开始剪纸。

不同颜色的纸张上喷绘不同的颜色，剪出的作品也是完全不同的。可以选用不同颜色、不同质地的纸张来喷绘，然后再剪纸。

喷绘：喷绘是由无数细小颜色的颗粒组成的覆盖面。每点颗粒都是以饱和的状态雾化喷洒在画面上，在雾化的瞬间，颜色的水份迅速蒸发，喷在画面上的颜色几乎是即干状态。颜色的干湿变化很小，色彩变化易把握。喷绘是一种技法，指利用牙刷等工具将颜料喷到画面上的方法，是一种现代化的艺术表现手法。随着时代的进步也有人利用空气压缩机来喷颜色，喷绘往往会出现一种特殊的肌理效果。

喷绘剪纸：用喷绘的纸来做剪纸，会出现意想不到的艺术效果。当然也可以先剪纸再进行喷绘。

我们今天要学的是先把纸张进行喷绘，然后用得到的纸，进行剪纸。

小技巧

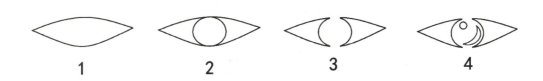

眼睛画法：1.先画出眼睛的形状。

2.画出黑眼球。

3.擦去多余线条。

4.画反光点。

单元作业：尝试用先喷绘纸张再剪纸的方法，创作一幅剪纸作品。

拓　　展：选用不同质地的纸张进行喷绘练习，了解不同肌理的纸张喷绘后形成的不同效果。

手机扫一扫看视频教程
密码：123321

第15课　狸力

原文：南次二经之首曰柜山，西临流黄，北望诸毗，东望长右。英水出焉，西南流注于赤水。其中多白玉，多丹粟。有兽焉，其状如豚，有距，其音如狗吠，其名曰狸力，见则其县多土功。《南山经》

译：南方第二大山系的第一座山，名叫柜山。它西临流黄国，北方便是诸毗山，向东与长右山遥遥相望。英水河就发源于这里，向西南注入赤水河。英水河里有很多白玉，还有很多像粟粒一样的丹砂。山中有一种怪兽，外形像猪，却长着鸡爪，发出的声音如同狗叫，它的名字叫狸力。它出现在哪里，哪里就会大兴土木工程。

工具与材料

1.常用工具材料：各色纸张、剪刀、铅笔、橡皮、订书机等。
2.特殊工具材料：小碟子、牙刷、水粉笔、丙烯颜料、水等。

创作过程

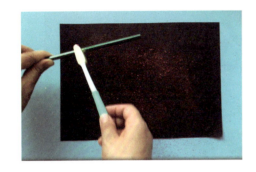

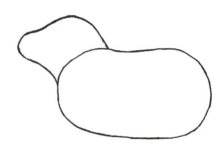

第16课　天马

原文：又东北二百里，曰马成之山，其上多文石，其阴多金、玉。有兽焉，其状如白犬而黑头，见人则飞，其名曰天马，其鸣自訆（jiào）。《北山经》

译：再向东北行二百里，就到了马成山，山上盛产带花纹的石头，山的阴面盛产金属和玉石。山中有种怪兽，长得像狗，通身都是白色的，只有头是黑的。它的名字叫天马，它的叫声如同在叫自己的名字。

工具与材料

1.常用工具材料：各色纸张、剪刀、铅笔、橡皮、订书机等。
2.特殊工具材料：小碟子、牙刷、水粉笔、丙烯颜料、水等。

创作过程

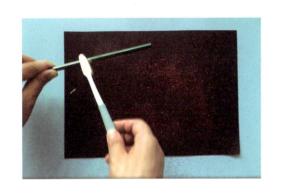

第17课　幽鴳

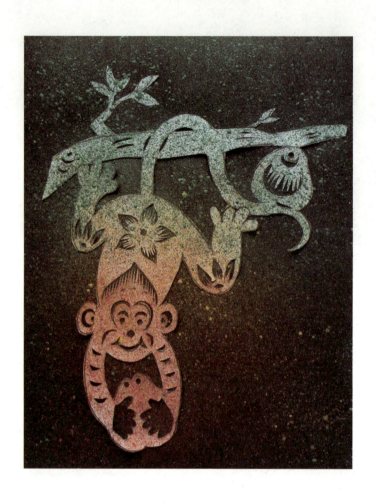

原文：又北百一十里，曰边春之山，多葱、葵、韭、桃、李。杠水出焉，而西流注于泑（yōu）泽。有兽焉，其状如禺（yù）而文身，善笑，见人则卧，名曰幽（yōu）鴳（yàn），其鸣自呼。《北山经》

译：再向北行一百一十里，就到了边春山，这座山长有山葱、山葵、山韭、山桃和李子等多种植物。杠水河发源于这里，向西注入泑泽湖。这里有一种动物，形状像猴子，浑身长满斑纹，爱笑，见到人就会假装睡着，它的名字叫幽鴳，它的叫声就像在呼唤自己的名字。

工具与材料

1.常用工具材料：各色纸张、剪刀、铅笔、橡皮、订书机等。
2.特殊工具材料：小碟子、牙刷、水粉笔、丙烯颜料、水等。

创作过程

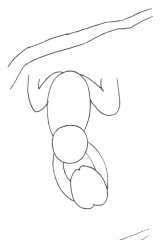

根据了解到的资料，抓住创作主体的主要特征，进行构思。"其状如禺"也就是说外形像猴子，这是创作对象的主要特征，那么我们在创作的时候要抓住这个特征。

在心中想象出主体的形象，然后再用基本形状和线条来概括主体形象。如：头部——圆形；身体——椭圆形；用线条勾画出四肢。

根据心中的想法，添画完成主体外形。

用橡皮擦去多余的线条后，再添画剪纸符号。

装订。至少装订一张黑色纸和白色纸，其他颜色随意，装订的纸张要厚一些。

按照由内及外的顺序剪纸。

剪完外轮廓后，我们将得到的幽鹛剪纸放在白色纸张上，进行喷印。

如：先用绿色喷印树干。

取绿色颜料放在小碟子里，加入适当的水，用毛笔调匀，用牙刷蘸取颜色，在铅笔上拉动，牙刷上的颜色就会均匀地喷洒在纸张上，一直喷到自己想要的效果，再换其他颜色用相同的方法进行喷印。

再用红色喷桃子。注意：换颜色时，一定要洗净牙刷与水粉笔，或直接用新的水粉笔。

用橘黄色喷身体。喷完后，立刻将剪纸拿开晾干，以防粘连。一次喷印，我们可以得到两幅作品。

黑色剪纸放在白纸上喷印后的效果　　　白色剪纸放在黑色卡纸上喷印后的效果

用单色剪纸做模板，放在白纸上，进行喷印，剪纸下方遮住的地方会是白色，剪纸则变成了彩色，那么我们一次喷印可以得到两张作品。

小技巧

| 1 | 2 | 3 | 4 | 5 |

花朵画法：1.先画出花芯和大致的花朵大小。

2.画出每个花瓣。

3.擦去多余线条。

4.画毛刺。

5.画花边。

单元作业：用先剪纸后喷印的方式，创作一幅剪纸作品。

拓　　展：用我们以前创作单色剪纸时留下的草稿，进行喷印

（绘）剪纸练习。

手机扫一扫看视频教程
密码：123321

阳剪字的剪法

阳剪的字：线线相连，首先我们要注意笔画的连接，其次可按一定的技巧来剪。

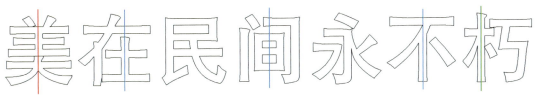

第一步：写出需要阳剪的汉字，并将汉字变成双线条。

美在民间永不朽

近似对称　按对称剪再修改　　　　　　不对称　　　　部分对称

第二步：观察上面汉字，并进行分析，将汉字大致分为四类：近似对称、部分对称、可先按对称剪再修改、完全不对称。

1. 近似对称的字：可用对称的方式来剪。

2. 先按对称来剪再修改的字：按笔画多的一部分对称来剪，剪完后再修改。

3. 部分对称的字：先对折剪对称的部分，打开修剪完后，再剪其他部分。

4. 完全不对称的字：要注意笔画连贯，必要时稍微变动笔画位置进行连接。

第18课　当康

原文：又东南二百里，曰钦山，多金、玉，而无石。师水出焉，而北流注于皋（gāo）泽（zé），其中多鱃（xiū）鱼，多文贝。有兽焉，其状如豚而有牙，其名曰当康，其鸣自叫，见则天下大穰（ráng）。《东山经》

译：再向东南行二百里，就到了钦山，山中有很多金属矿石和玉石，但却没有普通的石头。师水河发源于这里，向北一直流入皋泽湖。水中有很多鱃鱼，还有很多带有漂亮花纹的贝壳。山里有种怪兽，长得像猪，却长有长长的獠牙，它的名字叫当康，它的叫声如同呼唤自己的名字"当康 当康"。它是一种吉兽，它的出现预示着人间会五谷丰登。

工具与材料

1.常用工具材料：各色纸张、剪刀、铅笔、橡皮、订书机等。
2.特殊工具材料：小碟子、牙刷、水粉笔、丙烯颜料、水等。

创作过程

第19课　朱獳

　　原文：又南三百里，曰耿山，无草木，多水碧，多大蛇。有兽焉，其状如狐而鱼翼，其名曰朱獳（rú），其鸣自叫。见则其国有恐。《东山经》

　　译：再往南行三百里，是耿山，山上不长草木，盛产绿水晶，山中有很多大蛇。还有一种怪兽，外形像狐狸却长着鱼鳍一样的翅膀，它的名字叫朱獳（rú）。它的叫声就像在叫自己的名字。它出现在哪个国家，哪个国家就会发生令人恐怖的事情。

1.常用工具材料：各色纸张、剪刀、铅笔、橡皮、订书机等。

2.特殊工具材料：小碟子、牙刷、水粉笔、丙烯颜料、水等。

创作过程

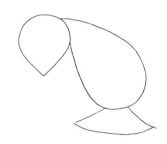

第20课 玃如

原文：西南三百八十里，曰皋（gāo）涂（tú）之山，蔷（qiáng）水出焉，西流注于诸资之水；涂水出焉，南流注于集获之水。其阳多丹粟，其阴多银、黄金，其上多桂木。有白石焉，其名曰礜（yù），可以毒鼠。有草焉，其状如稾（gǎo）茇（bá），其叶如葵而赤背，名曰无条，可以毒鼠。有兽焉，其状如鹿而白尾，马足人手而四角，名曰玃（jué）如。《西山经》

译：向西南行三百八十里，就到了皋涂山，蔷水河就发源于这里，往西流入诸资河，涂水河也从这里发源，向南汇入集获河。山的南坡盛产粟米粒大小的丹砂矿，北坡则盛产白银和黄金。山上多桂树，山上还有一种白色的石头，叫礜石，可以用来毒杀老鼠。山里有种草药，长得像稾茇，叶面像葵菜，叶子背面却是红色的，它的名字叫无条，也可以用来毒杀老鼠。山中有种野兽，长得像鹿，但却长着马蹄一样的蹄子，两条前腿的蹄子像人手，还长着四只角，它的名字叫玃如。

1.各色纸张、剪刀、铅笔、橡皮、订书机等。
2.胶棒、牙签等。

创作过程

根据了解到的资料，抓住创作主体的主要特征，进行构思。"其状如鹿"也就是说外形像鹿，这是创作对象的主要特征，那么我们在创作的时候要抓住这个特征。

在心中想象出主体的形象，然后再用基本形状和线条来概括主体形象。如：头部——水滴形；身体——不规则椭圆形；用线条连接头部和身体。

根据心中的想法，添画角、尾巴、四肢，完成主体外形。在添画的时候，要注意突出主体特征。

用橡皮擦去多余的线条后，添画剪纸符号，并添加背景。背景是为了衬托主体，添加背景不能喧宾夺主。

装订。如：计划用红色和紫色表现花朵，绿色表现叶子，黑色表现身体……那么我们将红色、紫色、绿色、黑色等颜色的纸张装订在图案下方。

按由内到外或由小到大的顺序进行剪纸，毛刺留着后剪。

手机扫一扫看视频教程
密码：123321

剪完得到单色剪纸。

分离剪纸。如：主体用黑色表现，那么我们将得到的黑色剪纸上面的花朵和叶子全部剪掉。

将分离好的黑色剪纸用胶棒固定在白色卡纸上。

用不同的颜色剪出花朵和叶子，拼贴完成，就完成了一幅单色剪纸。

分色剪纸：又称剪贴剪纸。分色剪纸大都由几种颜色组成。分色，分的是主色和背景色。一般情况下，分色剪纸由两张或多张单色剪纸粘贴而成，图案和颜色之间进行一定程度的搭配，以背景衬托主体，也有少数分色剪纸用多种颜色来表达不同的主体，达到繁复炫丽的画作效果。

技法点击

单元作业：创作一幅分色剪纸。

拓　　展：尝试用左右对称的方式，创作一幅剪纸作品。

第21课　辣辣

原文： 又北三百里，曰泰戏之山，无草木，多金、玉。有兽焉，其状如羊，一角一目。目在耳后，其名曰辣（dòng）辣（dòng），其鸣自訆（jiào）。虖（hū）沱（tuó）之水出焉，而东流注于溇（lóu）水。液女之水出于其阳，南流注于沁水。《北山经》

译： 再向北行三百里就到了泰戏山，山上不生草木，盛产金属和玉石。山中有种怪兽，体形像羊，却长着一只犄角和一只眼睛，眼睛长在耳朵的后面，它的名字叫辣辣，它的叫声如同在呼唤自己的名字。虖沱河发源于这里，向东一直流入溇水河。液女河发源于泰戏山的南坡，向南汇入沁水河。

工具与材料

1.各色纸张、剪刀、铅笔、橡皮、订书机等。
2.胶棒、牙签等。

创作过程

　　说明：根据自己的想法，将黑色剪纸和绿色剪纸进行分离。分离后，先把黑色剪纸的主体固定在白色卡纸上，再固定绿色的背景。云朵、太阳等可以用碎纸片剪出后再拼贴。

第22课　九尾狐

原文：又东三百里，曰青丘之山，其阳多玉，其阴多青䨼（huò）。有兽焉，其状如狐而九尾，其音如婴儿，能食人。食者不蛊（gǔ）。《南山经》

译：再东行三百里就到了青丘山，山的南面盛产玉石，北面盛产青色的矿物颜料。山中有一种怪兽，形状像狐狸，却长了九条尾巴，叫声像婴儿在哭泣，这种怪兽吃人。人如果吃了它的肉，就不会受蛊毒的侵害。

1.各色纸张、剪刀、铅笔、橡皮、订书机等。
2.胶棒、牙签等。

创作过程

根据自己的想法，先把剪纸固定在卡纸上，然后剪不同颜色的背景进行粘贴。

第23课　夫诸

原文：中次三经薋（fù）山之首，曰敖岸之山，其阳多㻬（tú）琈（fú）之玉，其阴多赭（zhě）、黄金。神熏池居之。是常出美玉。北望河林，其状如蒨（qiàn）如举。有兽焉，其状如白鹿而四角，名曰夫诸，见则其邑大水。《中山经》

译：中部第三个山系以薋山为首，它的第一座山是敖岸山，山的南坡盛产㻬琈美玉，山的北坡盛产赭土和黄金。一名名叫熏池的神就居住在这里。这座山总是会出现美玉。它向北与黄河遥遥相望，河北貌似是茜草和榉树。山中有种怪兽，它的样子像是白鹿却长着四个角，名叫夫诸。它出现的地方会爆发大水灾。

工具与材料

1.各色纸张、剪刀、铅笔、橡皮、订书机等。
2.胶棒、马克笔或水彩笔等。

创作过程

根据了解到的资料，抓住创作主体的主要特征，进行构思。"其状如鹿"也就是说外形像鹿，这是创作对象的主要特征，那么我们在创作的时候要抓住这个特征。

在心中想象出主体的形象，然后再用基本形状和线条来概括主体形象。如：头部——椭圆形；身体——椭圆形；用线条连接头部和身体。

根据自己心中的想法添画角、四肢，完成主体外形；然后再添画背景。

用橡皮擦掉多余的线条后，添画剪纸符号。

装订。注意：至少要装订一张黑色纸，其他颜色随意。

按由内及外的顺序剪纸，外轮廓装订的地方最后剪。

剪完后，将得到的第1张白色底稿固定在白卡纸上。注意：只固定一个点即可。

用马克笔在主体的空白处涂色，要注意颜色搭配。也可以直接将黑色剪纸贴在白卡纸上，然后涂色，注意：涂色时不要涂到黑色剪纸上。

所有的空白处涂完色后，将白色底稿揭下来。白色底稿可以留着做喷印剪纸。

将黑色的夫诸剪纸，用胶棒固定在刚才涂色的白卡纸上。

检查，如果有颜色不均匀的地方，要进行补色。

填色剪纸：彩色剪纸的一种。即把剪好的阳刻正稿贴在白纸上，然后在其空白处用水彩笔或毛笔根据需要着色。一般为平涂，个别地方也可渲染（如脸部）。渲染可以采用生宣纸，具有较好的艺术效果。

技法点击

左右对称

上下对称

对角对称

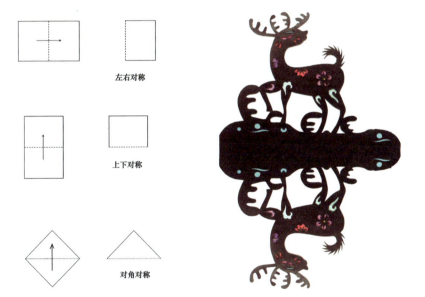

单元作业：用填色剪纸的技法，创作一幅剪纸作品。

拓　　展：尝试用上下对称的方式，创作一幅剪纸作品。

手机扫一扫看视频教程
密码：123321

第24课 狙如

原文：又东三十里，曰倚帝之山，其上多玉，其下多金。有兽焉，状如獭（fèi）鼠，白耳白喙（huì），名曰狙（jū）如，见则其国有大兵。《中山经》

译：再向东行三十里是倚帝山，山上盛产美玉，山下盛产金属。山中有一种野兽，外形像獭鼠，白色的耳朵、白色的嘴，名叫狙如。它出现在哪个国家，就预示着这个国家会发爆发大的战争。

1.各色纸张、剪刀、铅笔、橡皮、订书机等。

2.胶棒、马克笔或水彩笔等。

创作过程

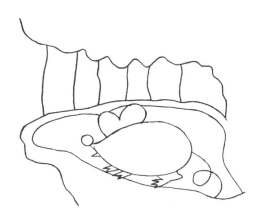

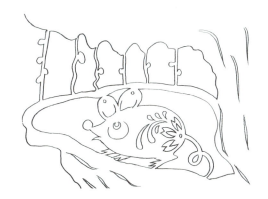

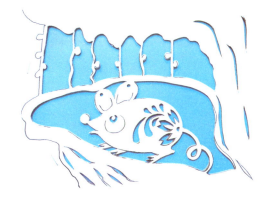

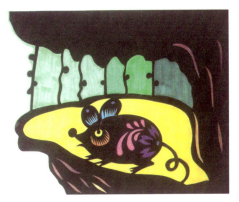

第25课　文文

原文：又东五十二里，曰放皋之山。明水出焉，南流注于伊水，其中多苍玉。有木焉，其叶如槐，黄华而不实，其名曰蒙木，服之不惑。有兽焉，其状如蜂，枝尾而反舌，善呼，其名曰文文。《中山经》

译：再向东行五十二里，就到了放皋之山，明水就发源于这里，向南流，一直汇入伊水河，河有很多墨玉。山中有种树木，叶子像槐树的叶子，只开黄色的花朵，却不结果实，这种树的名字叫蒙木，人吃了不再困惑。山中有种野兽，外形像蜜蜂，长着树枝一样的尾巴，舌头向后生长，这种动物叫文文，它喜欢呼唤。

1.各色纸张、剪刀、铅笔、橡皮、订书机等。

2.胶棒、马克笔或水彩笔等。

创作过程

第26课　狸

原文：又东南二十里，曰乐马之山。有兽焉，其状如彙（huì），赤如丹火，其名曰狸（lì），见则其国大疫。《中山经》

译：再向东南行二十里，是乐马山。山中有奇兽，外形好似刺猬，身上红得像炼丹炉里的火焰一样，它的名字叫狸，它出现在哪个国家，哪个国家就会爆发大的瘟疫。

工具与材料

1.各色纸张、剪刀、铅笔、橡皮、订书机等。
2.胶棒、牙签等。

创作过程

根据了解到的资料，抓住创作主体的主要特征，进行构思。"其状如彘"也就是说外形像刺猬，这是创作对象的主要特征，那么我们在创作的时候要抓住这个特征。

在心中想象出主体的形象，然后再用基本形状和线条来概括主体形象。如：身体——椭圆形；用线条勾画嘴巴、鼻子和尾巴。

添画四肢、刺等，完成主体外形。然后添画背景，注意背景是为了衬托主体，不能喧宾夺主。

用橡皮擦去多余的线条，然后添画剪纸符号。

装订。

手机扫一扫看视频教程
密码：123321

先剪里面的剪纸符号和需要开边的地方。

剪毛刺，最后剪外轮廓。

剪完外轮廓后，我们得到的白色底稿很重要，可以做剪贴的模板。

如图：计划用粉色纸张衬在猴的眼睛下方，我们将粉色放在白色底稿眼睛部位的下方，沿眼睛的形状剪下来。注意：剪的时候要稍大一些，便于粘贴。

在做衬色剪纸的时候，我们一定做到心中有数，最好是先打腹稿，即预想每个部位要用什么颜色，一定要注意颜色搭配！

剪完后，将剪下来的粉色纸，先摆在黑色剪纸下方，观察大小是否合适。

然后，用同样的方法将所有需要衬色的地方都剪好。

将所有需要衬色的地方全部剪完后，用胶棒将纸片固定到黑色剪纸的相应位置。

用同样的方法，将所有的地方都粘好。

用胶棒将衬好颜色的作品固定在白色卡纸上，也可夹在白纸中保存。

小知识

衬色剪纸：先用单色剪纸的方法剪出图案纹样，以阴刻技法为主，然后在作品下衬以各种颜色的纸张，以呈现鲜明的对比效果。

技法点击

左右对称

上下对称

对角对称

单元作业：用衬色技法，创作一幅剪纸作品。

拓　　展：想一想，还有没有别的方法进行衬色？

第27课　狡

原文：又西北三百五十里，曰玉山，是西王母所居也。西王母其状如人，豹尾虎齿而善啸，蓬发戴胜，是司天之厉及五残。有兽焉，其状如犬而豹文，其角如牛，其名曰狡（jiǎo），其音如吠犬，见则其国大穰（ráng）。《西山经》

译：再向西北行三百五十里，就到了玉山，是西王母所居住的地方。西王母貌似人，长着豹一样的尾巴老虎一样的牙齿，而且善于长啸，她蓬松着头发，头戴玉制头饰，她主管人世间的灾难和灾厉五刑残杀之气。玉山中有种怪兽，它外形像狗，却长着豹一样的花纹，头上的角好似牛角，它的名字叫狡，它发出的声音如同狗吠。它是一种祥兽，它出现在哪个国家，就预示着哪个国家会大丰收。

1.各色纸张、剪刀、铅笔、橡皮、订书机等。

2.胶棒、牙签等。

创作过程

第28课　狪狪

原文： 又南三百里，曰泰山，其上多玉，其下多金。有兽焉，其状如豚而有珠，名曰狪狪（tóng tóng），其鸣自訆（jiào）。环水出焉，东流注于江，其中多水玉。《东山经》

　　译： 再南行三百里，就到了泰山，山上盛产泰山玉，山下盛产金属。山中有种野兽，外形像猪，体内有珠，这种野兽叫狪狪，它的叫声就像在呼唤自己的名字。环水河就发源于这里，向东流，汇入大江，河水中有很多水晶。

1.各色纸张、剪刀、铅笔、橡皮、订书机等。

2.胶棒、牙签等。

创作过程

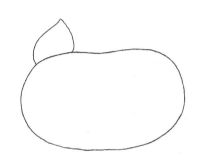

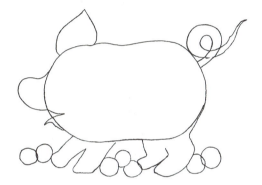

第29课　　蠪疏

原文：又北三百里，曰带山，其上多玉，其下多青碧。有兽焉，其状如马，一角有错，其名曰蠪（quán）疏（shū），可以御火。《北山经》

译：再向北行三百里是带山，山上多玉石，山下多黑玛瑙和碧玉。山中有种野兽，形状如同马一样，长有一只角，角上有坚硬的纹理，它的名字叫蠪疏，饲养它可以避火灾。

1.各色纸张、剪刀、铅笔、橡皮、订书机等。
2.胶棒、牙签等。

创作过程

根据了解到的资料，抓住创作主体的主要特征，进行构思。"其状如马"也就是说外形像马，这是创作对象的主要特征，那么我们在创作的时候要抓住这个特征。

在心中想象出主体的形象，然后再用基本形状和线条来概括主体形象。如：头部——椭圆形；身体——冬瓜形。

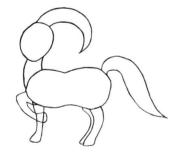

根据心中的想法，连接头部与身体，添画角、尾巴及四肢，完成主体外形。

在前面的学习中，我们创作过好几种外形似马的动物，在创作不同形象的时候，都要加以区别。

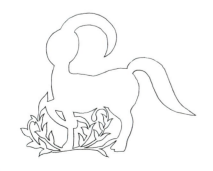

擦去多余的线条。注意：今天我们学习的是彩贴剪纸，一般先剪出剪影，然后进行拼贴，所以不需要画剪纸符号。

装订完后，剪纸。注意：装订的时候一定要装订一张黑色的纸张，其他颜色随意。

剪完后，得到黑色的剪影和白色的底稿。

将设计好的白色底稿与黑色放在一起，构思朦胧身上的图案，要考虑颜色搭配。

根据自己的想法，剪出大小合适的纸片，贴在需要的位置。

如上图：身体上的牡丹花，先剪紫色纸片贴上，然后再剪粉色贴在紫色纸片上。注意：剪出的纸片，大小要合适。

完成此作品后，可以直接将作品夹在白纸里面保存，也可以用胶棒固定到卡纸上。

小知识

彩贴剪纸是对单色剪纸的延伸，起源于民间，是继单色剪纸之后产生的一种传统剪纸艺术形式，是民间传统剪纸的独具特色和创新。

彩贴剪纸采用多色彩纸通过剪、贴、衬三种工艺流程把彩色纸粘拼，成为一张完美的艺术作品，作品颜色艳丽、富丽堂皇、浪漫夸张。

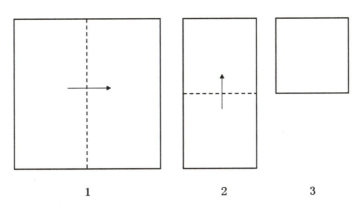

1 2 3

四分之一折法

单元作业：用彩贴技法，创作一幅剪纸作品。

拓　　展：用四分之一折法，创作一幅彩贴剪纸。

手机扫一扫看视频教程
密码：123321

第30课　并封

原文：并封在巫咸东，其状如彘（zhì），前后皆有首，黑。《海外西经》

译：并封兽栖息在巫咸国东边，它貌似野猪，全身乌黑，前后两端都长着脑袋。

工具与材料

1.各色纸张、剪刀、铅笔、橡皮、订书机等。

2.胶棒、牙签等。

创作过程

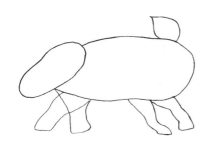

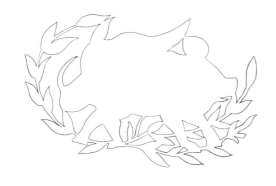
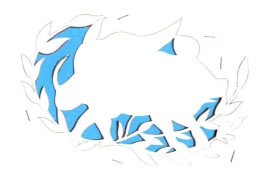

第31课　夔

　　原文：东北中有流波山，入海七千里。其上有兽，状如牛，苍身而无角，一足，出入水则必风雨，其光如日月，其声如雷，其名曰夔（kuí）。黄帝得之，以其皮为鼓，橛（jué）以雷兽之骨，声闻五百里，以威天下。《大荒东经》

　　译：东北方向的海中有一座流波山，它位于距离海岸七千里的地方。山上有一种野兽，身体像牛，通身都是乌黑色的，却不长角，只长有一只蹄。它出水或入水的时候一定会刮大风、下大雨，它发出的光芒如同太阳和月亮的光辉，它吼叫的声音大得像打雷一样，这种野兽叫夔。黄帝捕获了它，并用它的皮做成战鼓，又用雷兽的骨头做成了鼓槌，敲出的声音方圆五百里都能听到，黄帝的威严通过它传遍天下。

1.各色纸张、剪刀、铅笔、橡皮、订书机等。

2.胶棒、牙签等。

创作过程

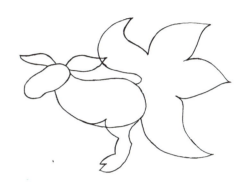

第32课　山膏

原文：又东二十里，曰苦山，有兽焉，名曰山膏，其状如豚，赤若丹火，善詈（lì）。《中山经》

译：再向东行二十里，有座苦山，山里有种名叫山膏的野兽，貌似小猪，通身火红，喜欢骂人。

1. 各色纸张、剪刀、铅笔、橡皮、订书机等。
2. 胶棒、马克笔或水彩笔等。

创作过程

根据了解到的资料，抓住创作主体的主要特征，进行构思。"其状如豚"也就是说外形像猪，这是创作对象的主要特征，那么我们在创作的时候要抓住这个特征。

在心中想象出主体的形象，然后再用基本形状和线条来概括主体形象。如：身体——椭圆形；然后用线条勾画出鼻子、四肢、耳朵和尾巴。

根据自己的想象添画背景。想一想，山膏可能生活在哪里呢？《山海经》是部充满想象力的书，我们可以发挥自己的想象力，为它添画背景。

多余的线条用橡皮擦掉，然后添画剪纸符号，并装订纸张。注意：装订的时候，至少要订1-2张白色的生宣纸。

装订后，按由内及外的顺序剪纸。

我们将剪完的白生宣纸作品放在报纸或毛边纸上。用马克笔染色。

注：染色剪纸一般多用白色生宣纸，剪刻完后，用品色加白酒后染色。

由于品色不容易购买，我们可以用马克笔来染色。马克笔是一种书写或绘画专用的绘图彩色笔，本身含有墨水，马克笔易于操作，颜色丰富，我们可以选用合适的颜色。

染色时要注意，相邻的颜色尽量差开来染，以防相互渗透，变脏。

染的时候，准备纸巾。由于马克笔水量大，生宣又易吸水，容易渗色，这个时候就要用纸巾立刻按压在渗色的地方，吸取多余的颜色。

完成后，需要等颜色全部晾干，才能粘贴到白色卡纸上，或者夹到白纸里面存放。

小知识

染色剪纸：是彩色剪纸的一种，术语谓之"点色"。

方法：用生宣纸剪刻完作品后施以色彩渲染。一般多用白色生宣纸，纸薄易洇染。用品色加白酒调和，品色加酒后渗透性强，一次能染3—5张。

染色剪纸用色明艳，有多种技法，颇有韵味，具有强烈的民族特色。

阴剪文字要点：线线相断，笔画不相连。

　　根据书写笔顺断笔画，断笔画原则一般为下一个笔画压上一个笔画，也就是前面一个笔画要断开。如："十"，先写横，后写竖，那么在断笔画的时候，我们将竖画保留完整，断开横笔画。

美在民间永不朽

第一步：先写出需要剪的文字。

第二步：将字变成双线条。

第三步：断笔画。

美在民间 永不朽

第四步：剪纸。

单元作业：掌握染色技法，创作一幅染色剪纸。

拓　　展：尝试用四分之一折法，创作一幅染色剪纸。

手机扫一扫看视频教程
密码：123321

第33课　类

原文：又东四百里，曰亶（dǎn）爰（yuán）之山。多水，无草木，不可以上。有兽焉，其状如狸而有髦（máo），其名曰类，自为牝（pìn）牡（mǔ），食者不妒（dù）。《南山经》

译：再向东行四百里，是亶爰山，山中多湖泊沼泽，不生草木，这座山不能攀爬。山中有种野兽，形状像狸猫，头和脖子长着长长的毛，它的名字叫类。这种动物雌雄一体，自行交配，人吃了它不会得妒乳症。

工具与材料

1.各色纸张、剪刀、铅笔、橡皮、订书机等。

2.胶棒、马克笔或水彩笔等。

创作过程

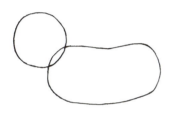

第34课 山㺌

原文：又北二百里，曰狱法之山。瀤（huái）泽之出焉，而东北流注于泰泽。其中多鱲（zǎo）鱼，其状如鲤而鸡足，食之已疣（yóu）。有兽焉，其状如犬而人面，善投，见人则笑，其名山㺌（huī），其行如风，见则天下大风。《北山经》

译：再向北行二百里是狱法山，瀤泽河发源于这里，向东北流入泰泽湖。河水中有很多鱲鱼，它长得像鲤鱼却生有鸡爪一样的足，吃了它可以治疗皮肤病。山中有种野兽，形状像狗，却长着人一样的脸，这种动物善于投掷，见到人就会笑，它的名字叫山㺌，跑起来像风一样快，它出现的地方会刮大风。

工具与材料

1.各色纸张、剪刀、铅笔、橡皮、订书机等。

2.胶棒、马克笔或水彩笔等。

创作过程

EX−LIBRIS

田田的书

田田　2018.12.23

小知识

藏书票被誉为"版画珍珠""纸上宝石",是贴在书的首页或扉页上,带有藏书者姓名的小版画。

藏书票(Bookplate):是一种小小的标志,以艺术的方式,标明藏书是属于谁的,也是书籍的美化装饰,属于小版画或微型版画。一般是边长5—10厘米,上面除主图案外,要有藏书者的姓名或别号、斋名等,国际上通常在票上写上"EX-LIBRIS"(拉丁文)。这一行拉丁文字,表示"属于私人藏书",藏书票一般要贴在书的扉页上。

藏书票一般由三部分组成,分别是:图案、国际藏书标志(EX-LIBRIS)、藏书票档案(应注明票名、版式、尺寸、印数、年代、作者姓名等)。

国际藏书票规定:藏书票下方的签名必须是铅笔,这是为什么呢?

1. 因为铅笔中的"铅"物质是石墨,铅笔无论在什么条件下永不褪色永不变色。钢笔圆珠笔等字迹遇潮湿或时间长、遇光、空气中,就会变色褪色。

2. 铅笔痕迹浅淡,不会争夺画面的突出感,因此成为约定俗成的国际通用做法。

第二部分　鱼鸟篇

《赤鱬》 剪纸手绘稿

第35课　赤鱬

剪影

单色剪纸

原文：英水出焉，南流注于即翼之泽。其中多赤鱬（rú），其状如鱼而人面，其音如鸳鸯。食之，不疥。《南山经》

译：英水从这里流出，向南一直流入即翼湖。河中有很多赤鱬，它们长得像鱼，却长着人一样的脸，叫声像鸳鸯，人吃了它，不长疥疮。

各色纸张、剪刀、铅笔、橡皮、订书机等。

创作过程

根据了解到的资料，抓住创作主体的主要特征，进行构思。"其状如鱼"也就是说外形像鱼，这是创作对象的主要特征，那么我们在创作的时候要抓住这个特征。

在心中想象出主体的形象，然后再用基本形状和线条来概括主体形象。如：身体——冬瓜形。

根据心中的想法，添画鳍、尾巴等，完成主体外形。可以加上自己的想象。

剪影，即只剪主体形象的外轮廓。所以建议初学者，用橡皮擦掉多余线条。

装订。根据纸张厚薄，装订4-6层纸为宜。

沿外轮廓剪完。

小知识

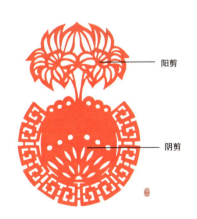

阳剪

阴剪

　　阳剪：也叫阳刻。剪纸中的"阳剪"，是指以线为主，把造型的线留住，其他部分剪去。阳剪作品的特点是：线线相连。阳剪的作品精巧细腻，清新雅致。

　　阴剪：也叫阴刻。剪纸中的"阴剪"是以面为主，即把造型的线剪去。阴剪的特点是：线线相断。阴剪的作品厚重古朴、粗犷大气。

　　阴阳结合：一幅好的剪纸作品，大多采用阴剪和阳剪结合的方法来进行处理。作品中既有阳剪也有阴剪，阴阳剪有机结合，作品生动活泼，对比鲜明，富于变化。

单元作业：创作一幅剪影。

拓　　展：尝试用不同的肌理、不同质感的纸张创作剪影作品，
　　　　　　体会不同纸质带来不同视觉效果。

第36课　鯥

原文：又东三百里，曰柢（dǐ）山，多水，无草木。有鱼焉，其状如牛，陵居，蛇（shé）尾有翼，其羽在鮏（qū）下，其音如留（liú）牛，其名曰鯥（lù），冬死而夏生。食之，无肿疾。《南山经》

译：再向东行三百里的高山名柢山，山中多河湖，不生草木。这里有一种鱼，长得像牛，以丘陵为巢穴，长有蛇一样的尾巴，并在肋下长有翅膀，声音如同犁牛，它的名字叫鯥。它冬天冬眠，夏天苏醒，人吃了不会生毒疮。

工具与材料

各色纸张、剪刀、铅笔、橡皮、订书机等。

创作过程

第37课 鹝鮒

剪影

单色剪纸

原文：有鸟焉，其状如鸡而三首、六目、六足、三翼，其名曰鹝（chǎng）鮒（fū）。食之，无卧。《南山经》

译：基山上有种鸟，外形似鸡，却长有三头六眼六腿三只翅膀，它的名字叫鹝鮒。人吃了它，可以不打瞌睡。

各色纸张、剪刀、铅笔、橡皮、订书机等。

第38课　文鳐鱼

原文：又西百八十里，曰泰器之山。观水出焉，西流注于流沙。是多文鳐（yáo）鱼，状如鲤鱼，鱼身而鸟翼，苍文而白首赤喙（huì），常行西海游于东海，以夜飞。其音如鸾鸡，其味酸甘，食之已狂，见则天下大穰（ráng）。《西山经》

译：再向西行一百八十里，有一座泰器山。观水河发源于这里，向西汇入流沙河中。河中多文鳐鱼，这种鱼外形像鲤鱼，长着鱼一样的身子和鸟一样的翅膀，黑色的纹理，头是白色的，喙是红色的，经常在西海和东海之间游来游去，夜间则在空中飞行。它的声音像鸾鸟，味道酸甜，吃它可以治疗疯狂，它的出现预示人间会大丰收。

各色纸张、剪刀、铅笔、橡皮、订书机等。

创作过程

根据了解到的资料，抓住创作主体的主要特征，进行构思。"状如鲤鱼，鱼身而鸟翼"也就是说外形像鲤鱼，还长着鸟一样的翅膀，这是创作对象的主要特征，那么我们在创作的时候要抓住这个特征。

在心中想象出主体的形象，然后再用基本形状和线条来概括主体形象。如：身体——柳叶形；尾巴——水滴形；翅膀——不规则形状。

根据心中的想法，添画剪纸符号，在添画的时候，要注意突出主体特征。完成主体外形后，用橡皮擦掉多余的线条。

适当添加背景。注意：背景是为了衬托主体，不能喧宾夺主。

装订。根据纸张厚薄，装订4—6层纸为宜。

剪纸要按照一定的顺序来剪，例如：由内及外、由上及下、由左及右、由小及大……先剪里面需要插剪刀才能剪的地方（图中蓝色区域）。再剪外轮廓。

沿外轮廓剪完。

小知识

云纹：在中国传统文化中，云常被称为祥云，云在自然界中变化多端，所以剪纸中的云纹在形态上也有很多种。常见的云纹有：如意云纹、棉花云纹、拖尾云纹、烟云、升云等。

如意云纹

棉花云纹

眼睛云纹

单拖尾云纹

一字云

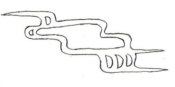

烟云

升云

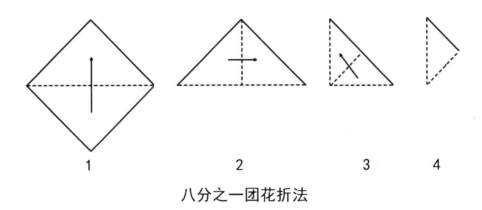

1　　　　2　　　3　　4

八分之一团花折法

单元作业：创作一幅单色剪纸。

拓　　　展：用八分之一折纸的方法创作一副团花剪纸。

第39课　凤皇

　　原文： 又东五百里，曰丹穴之山，其上多金玉。丹水出焉，而南流注于渤海。有鸟焉，其状如鸡，五采而文，名曰凤皇，首文曰德，翼文曰义，背文曰礼，膺（yīng）文曰仁，腹文曰信。是鸟也，饮食自然，自歌自舞，见则天下安宁。《南山经》

　　译： 再向东行五百里，是丹穴山，山上盛产金属和玉石。丹水河发源于这里，向南汇入渤海。山中有一种鸟，外形像鸡，长有五彩斑斓的羽毛，它的名字叫凤凰。它头上的花纹是"德"字，翅膀上的花纹是"义"字，背上的花纹是"礼"字，胸前的花纹是"仁"字，肚子上的花纹是"信"字。这种鸟吃饭喝水都顺从自己的生命规律，自己唱歌自己跳舞，它的出现预示着天下安定。（凤皇即凤凰，古代传说中的百鸟之王。）

各色纸张、剪刀、铅笔、橡皮、订书机等。

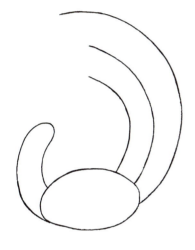

第40课　肥蟥

原文： 又西六十里，曰太华之山，削成而四方，其高五千仞，其广十里，鸟兽莫居。有蛇焉，名曰肥蟥（wèi），六足四翼，见则天下大旱。《西山经》

译： 向西行六十里，是太华山，这座山如同刀削一般险峻，高五千仞，方圆却只有十里，鸟兽都无法在这里居住。山中有一种蛇，名叫肥蟥。它有六条腿和四个翅膀，它的出现预示着人间将会发生大旱灾。

工具与材料

各色纸张、剪刀、铅笔、橡皮、订书机等。

创作过程

第41课　钦原

原文：有鸟焉，其状如蜂，大如鸳鸯，名曰钦原，蠚（hē）鸟兽则死，蠚木则枯。《西山经》

> **译：**昆仑山有一种鸟，外形像蜜蜂，像鸳鸯般大，名字叫钦原。被它蜇伤的鸟兽都会死掉，被它蜇伤的树木则会枯萎。

1.各色纸张、剪刀、铅笔、橡皮、订书机等。
2.星空纸或广告纸。

 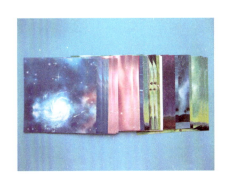

创作过程

　　根据了解到的资料，抓住创作主体的主要特征，进行构思。"其状如蜂"也就是说外形像蜜蜂，这是创作对象的主要特征，那么我们在创作的时候要抓住这个特征。

　　在心中想象出主体的形象，然后再用基本形状和线条来概括主体形象。如：头部——椭圆形；胸——椭圆形；腹——椭圆形。

　　根据心中的想法，添画触角、翅膀等，完成主体外形。在添画的时候，要注意突出主体特征。

初稿   修改稿

用橡皮擦去多余的线条后，添加剪纸符号后，再添加背景。

第1次装订，根据纸张厚薄，先装订2-3层纸为宜。

按照由里及外的顺序，开始剪纸（注意：本设计图，只能剪钦原身体上的花纹和花朵上的圆孔）。剪的时候要仔细观察，以防剪错。

第2次装订，装订星空纸（或广告纸等），根据纸张厚薄，装订2-3层为宜。

单色剪纸　　　　　　　　剪影　　　　　　　整体衬色剪纸

沿外轮廓剪完后，同时得到单色剪纸和剪影，将剪影放在单色剪纸下方，用胶棒固定。

小知识

云纹在剪法上可以分为阳剪云和阴剪云。

当主体以阳剪为主时，云纹用阴剪；主体以阴剪为主时，云纹用阳剪。

云纹的制作方法：剪云纹时从内侧的线开始剪，从右向左剪，剪刀不动，左手转纸，左右手相互配合。注意运剪时要力度均匀，线条的转弯要自然流畅。剪结构复杂的云纹时，要从云的内部向外剪。

单元作业：创作一幅整体衬色剪纸。

拓　　展：用对称的形式，创作一幅整体衬色剪纸。

第42课　旋龟

原文： 怪水出焉，而东流注于宪翼之水。其中多玄龟，其状如龟而鸟首虺（huǐ）尾，其名曰旋龟，其音如判木，佩之，不聋，可以为底。《南山经》

译： 怪水河从杻阳山中流出，向东流入宪翼河。怪水中有很多黑色的龟类，它们看起来像乌龟，却长着鸟一样的头和蛇一样的尾巴，这种动物叫旋龟。它发出的声音像斧劈木头的声音，把它佩戴在身上，不会耳聋，还可以治疗足底的老茧。

工具与材料

1.各色纸张、剪刀、铅笔、橡皮、订书机等。
2.星空纸或广告纸。

创作过程

第一次装订　　　　　　图中红色标注位置先不剪　　　　剪完花纹后进行第二次装订

单色剪纸　　　　　　　　剪影　　　　　　　　整体衬色剪纸

沿外轮廓剪完后同时得到单色剪纸和剪影，将剪影放在单色剪纸下方，用胶棒固定。

第43课 毕方

原文： 有鸟焉，其状如鹤，一足，赤文青质而白喙，名曰毕方，其鸣自叫也，见则其邑有讹（é）火。《西山经》

译： 章莪山上有一种鸟，外形似鹤，只有一条腿，身上有红色的斑纹，黑色的羽毛，长着白色的喙，它的名字叫毕方，它叫的声音与它的名字很像。它出现在哪里，哪里就会发生离奇的火灾。

1.各色纸张、剪刀、铅笔、橡皮、订书机等。
2.星空纸或广告纸。

创作过程

第一次装订　　　　　图中红色标注位置先不剪　　　　第二次装订后继续剪纸

单色剪纸　　　　　　　剪影　　　　　　　　整体衬色剪纸

沿外轮廓剪完后同时得到单色剪纸和剪影，将剪影放在单色剪纸下方，用胶棒固定。

第44课　箴鱼

原文：其中多箴（zhēn）鱼，其状如儵（音：由），其喙如箴。食之，无疫疾。《东山经》

译：泜（zhǐ）水发源于枸（xún）状山，向北汇入湖水河。河中有很多箴鱼，这种鱼貌似白鲦鱼，它的喙如同针一般。人吃了它不会得瘟疫。

工具与材料

1.常用工具材料：各色纸张、剪刀、铅笔、橡皮、订书机等。
2.特殊工具材料：打火机、香、湿纸巾等。

 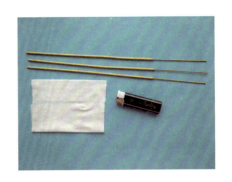

创作过程

根据了解到的资料，抓住创作主体的主要特征，进行构思。"其状如鳙"也就是说外形像白鲦鱼，这是创作对象的主要特征，那么我们在创作的时候要抓住这个特征。

在心中想象出主体的形象，然后再用基本形状和线条来概括主体形象。如：身体——不规则形；嘴——尖三角形；尾：半月牙形。

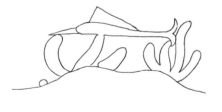

根据心中的想法，添画鱼鳍，完成主体外形后，再根据自己的想象，添画背景。

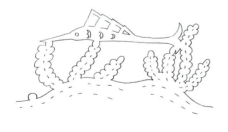

擦去多余线条后，添画剪纸符号。用虚线标出需要香烧的地方。

装订。香烧剪纸根据纸张厚薄，装订2-3层纸为宜（用薄宣纸为宜）。

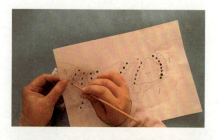

用点燃的香，依次香烧。注：也可先剪后烧。

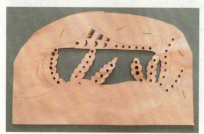

按由里及外的顺序剪纸。

最后剪去外轮廓。

小知识

　　月牙纹也是常见的剪纸符号之一，是由长短不一的弧线组成的月牙形状的纹样，可长可短，可大可小，既可以独立使用又可按多种形式排列组合。

　　月牙纹一般多采用阴剪，可以表现人物或动物的眼睛和眉毛、动物脊背花纹、花卉等。

　　剪月牙纹的时候，初学者可以先画出来，将剪刀插于纹样中间部分扎孔，然后沿弧线的边缘剪，剪到交叉口之后，转动纸张，继续沿线剪。月牙是对称的，我们在剪的时候，可以一个一个单独剪，也可以对折后，进行折剪。

田田 2018.12.23

剪纸藏书票

第45课　鳛鳛鱼

原文： 又北三百五十里，曰涿（zhuō）光之山。嚣（xiāo）水出焉，而西流注于河。其中多鳛（xí）鳛（xí）之鱼，其状如鹊而十翼，鳞皆在羽端，其音如鹊，可以御火，食之不瘅（dān）。其上多松柏，其下多棕（zōng）楠（jiāng），其兽多麢（líng）羊，其鸟多蕃（fán）。《北山经》

译： 再向北行三百五十里，就到了涿光山。嚣水河就发源于这里，一直向西流入黄河。河中有很多鳛鳛鱼，这种鱼长得像喜鹊，却有十只翅膀，它的鳞片都长在羽毛尖上，叫声也像喜鹊，饲养它可以防御火灾，食用它的人不会得瘅病。山上有很多松树和柏树，山中有很多野兽，以羚羊为最，鸟以鹇鸟最多。

1.常用工具材料：各色纸张、剪刀、铅笔、橡皮、订书机等。

2.特殊工具材料：打火机、香、湿纸巾等。

创作过程

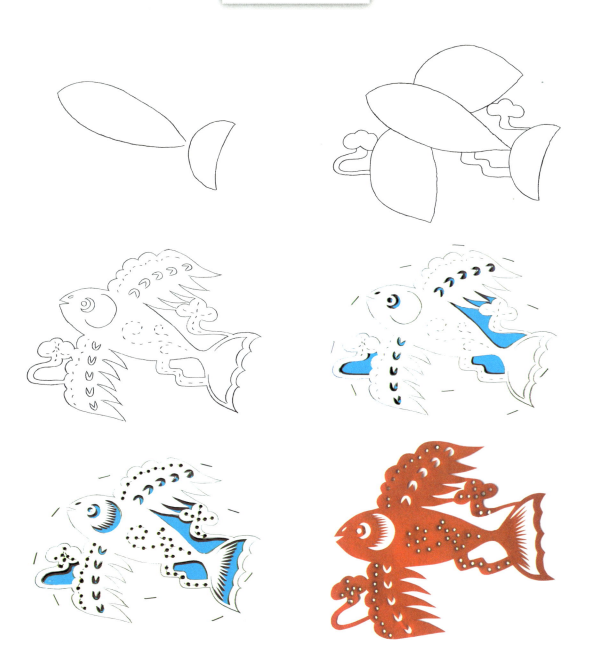

第46课　儵鱼

原文：彭水出焉，而西流注于芘湖之水，其中多儵（音：由）鱼，其状如鸡而赤毛，三尾六足四首，其音如鹊，食之，可以已忧。《北山经》

译：彭水河发源于带山，向西流入芘湖河中，河中有很多儵鱼，它貌似鸡却长着红色的毛，它长有三条尾巴，六条腿，四个头，它发出的声音如同喜鹊。吃了它，人不会烦忧。

1.常用工具材料：各色纸张、剪刀、铅笔、橡皮、订书机等。

2.特殊工具材料：打火机、香、湿纸巾等。

创作过程

第47课　鲐父鱼

　　原文：留水出焉，而南流注于河。其中有鲐（xiàn）父之鱼，其状如鲋（fù）鱼，鱼首而彘（zhì）身，食之已呕。《北山经》

　　译：留水发源于阳山，向南汇入黄河。河水中有鲐父鱼，它与鲫鱼很像，却长得很奇怪，头像鱼头，身体像猪一般，人吃了它可以治疗呕吐。

1.常用工具材料：各色纸张、剪刀、铅笔、橡皮、订书机等。

2.特殊工具材料：小碟子、牙刷、水粉笔、丙烯颜料、水等。

创作过程

用水调匀颜色后，用牙刷蘸取适量的颜色，在铅笔上拉动，牙刷上的颜色就会喷洒在纸张上（建议用厚一些的纸张），形成斑驳的效果。喷完一种颜色后，洗干净牙刷毛笔，再喷另一种颜色。

建议喷在黑色、白色或其他颜色的纸张上，多喷几张，并晾干。

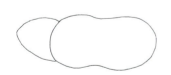

根据了解到的资料，抓住创作主体的主要特征，进行构思。"其状如鲋，鱼首而彘身"也就是说外形与鲫鱼很像，身体像猪，这是创作对象的主要特征，那么我们在创作的时候要抓住这个特征。

在心中想象出主体的形象，然后再用基本形状和线条来概括主体形象。身体——冬瓜形。

根据心中的想法，添画完成主体外形。在添画的时候，注意突出主体特征。完成主体后，再添加背景。

用橡皮擦去多余线条后，添画剪纸符号。添画的时候要动脑筋想一想，如何才能突出主体特征。

装订。根据纸张厚薄，装订2-4层纸为宜。

按照由内及外的顺序剪纸，最后剪外轮廓。

喷绘在不同颜色、不同质地的纸张上，会得到不同效果的剪纸。

小知识

喷绘技法：

1.用不同的工具，会得到不同的效果。如：用牙刷蘸少量颜色进行喷绘，与用毛笔蘸取大量颜色进行喷绘，效果是完全不同的。

2.喷绘的时候，距离的远近、速度的快慢、力度的大小也会影响喷绘的效果。

3.均匀地喷、渐变地喷等也会出现不同的效果。

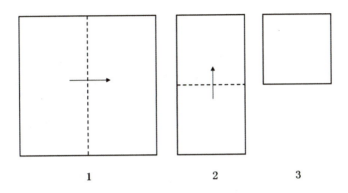

1   2   3

四分之一折法

单元作业：创作一幅喷绘剪纸。

拓　　展：用四分之一对称的形式，创作一幅剪纸作品。

第48课　鮨鱼

原文： 其中多鮨（yì）鱼，鱼身犬首，其音如婴儿，食之已狂。《北山经》

译： 诸怀河发源于北岳山，河水有很多鮨鱼，长着鱼一样的身子狗一样的头，发出的声音像婴儿，人吃了它能够治疗癫狂。

1.常用工具材料：各色纸张、剪刀、铅笔、橡皮、订书机等。
2.特殊工具材料：小碟子、牙刷、水粉笔、丙烯颜料、水等。

创作过程

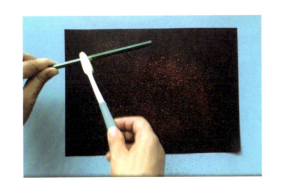
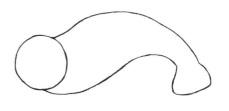

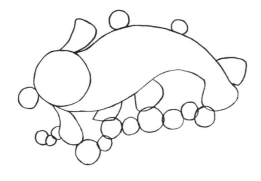

第49课　酸与

原文：又南三百里，曰景山，南望盐贩之泽，北望少泽。其上多草、藷（shǔ）藇（yù），其草多秦椒，其阴多赭，其阳多玉。有鸟焉，其状如蛇，而四翼、六目、三足，名曰酸与，其鸣自詨（xiào），见则其邑有恐。《北山经》

译：向南行三百里，是景山，这里向南能看到盐池，向北与少泽湖相望。景山上有很多草和山药，草类以秦椒居多。山的北面多红色的赭石，南面则多玉石。山中有种鸟，长得像蛇，却有四只翅膀，六只眼睛，三条腿，它的名字叫酸与。它发出的声音如同大声地叫喊自己的名字，它出现在哪个城市，哪个城市就会有令人恐怖的事情发生。

工具与材料

1.常用工具材料：各色纸张、剪刀、铅笔、橡皮、订书机等。

2.特殊工具材料：小碟子、牙刷、水粉笔、丙烯颜料、水等。

创作过程

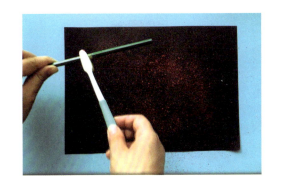

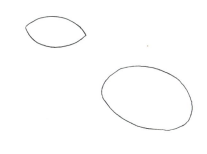

第50课　精卫

原文：又北二百里，曰发鸠（jiū）之山，其上多柘（zhè）木。有鸟焉，其状如乌，文首、白喙、赤足，名曰精卫，其鸣自詨（xiào）。是炎帝之少女名曰女娃，女娃游于东海，溺（nì）而不返，故为精卫。常衔西山之木石，以堙（yīn）于东海。漳（zhāng）水出焉，东流注于河。《北山经》

译：向北行二百里就到了发鸠山，山上多柘木。山中还有一只鸟，貌似乌鸦，头部长有花纹，白色的喙，红色的爪子，它的名字叫精卫，发出的叫声像是在大声叫自己的名字。这只鸟是炎帝的女儿，名叫女娃。女娃常在东海中游玩，不幸溺水而亡，死后化为一只鸟，就是精卫。它常年到西山衔木条和石块来填东海。漳水河发源于这里，向东一直汇入黄河。

1.常用工具材料：各色纸张、剪刀、铅笔、橡皮、订书机等。
2.特殊工具材料：小碟子、牙刷、水粉笔、丙烯颜料、水等。

创作过程

　　根据了解到的资料，抓住创作主体的主要特征，进行构思。主体是一种鸟，那么我们在创作的时候要抓住这个特征。
　　在心中想象出主体的形象，然后再用基本形状和线条来概括主体形象。如：头部——圆形；身体——水滴形。

　　根据心中的想法，添画翅膀、尾巴等，完成主体外形。在添画的时候，要注意突出主体特征。

　　用橡皮擦去多余线条后，添画剪纸符号及背景。

　　装订。根据纸张厚薄，装订4-6层纸为宜。注意：装订一定要有黑色纸张，最好是稍厚的黑色卡纸，其他颜色的纸张随意。

按照由里及外的顺序，开始剪纸，先剪内，再剪外轮廓。

剪完外轮廓后，得到单色剪纸。

将单色剪纸放在卡纸上。用牙刷蘸取颜色进行喷印。图中是将白色的剪纸放在黑色卡纸上进行喷印；也可将黑色剪纸放在白色卡纸或其他颜色的卡纸上进行喷印。

喷完一种颜色后，洗净牙刷再喷另一种颜色，或直接换新牙刷再喷。

喷完所有的颜色后，立即将剪纸揭开，放一边晾干。

喷印完后，一次得到两张作品，一张为喷绘剪纸，一张为剪纸喷印作品。

喷绘的其他技法：1.用不同形状的纸、尺子、胶片等进行遮挡喷绘，往往得到意料之外的效果。

2.同一部位可重复喷多种颜色，如先喷红色，再喷黄色，会产生颜色渐变的效果。

技法点击

连续对折法（二方连续折法）

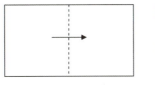 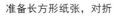

准备长方形纸张，对折　　　再次对折

单元作业：创作一幅喷印剪纸。

拓　　展：用连续对折（二方连续）的形式创作一幅剪纸。

第51课　颙

原文：又东四百里，曰令丘之山。无草木，多火。其南有谷焉，曰中谷，条风自是出。有鸟焉，其状如枭（xiāo），人面四目而有耳，其名曰颙（yóng），其鸣自号也，见则天下大旱。《南山经》

译：向东行四百里就到了令丘山，山中不生草木，经常发生火灾。山的南面有一座山谷，名叫中谷，东北风从这里吹出。山中有种鸟，形似枭，长着人一样的脸，四只眼睛和四只耳朵，它的名字叫颙。它发出的声音和叫自己的名字一样，它的出现，预示着人间会发生大的旱灾。

1.常用工具材料：各色纸张、剪刀、铅笔、橡皮、订书机等。
2.特殊工具材料：小碟子、牙刷、水粉笔、丙烯颜料、水等。

创作过程

第52课 鲐鲐鱼

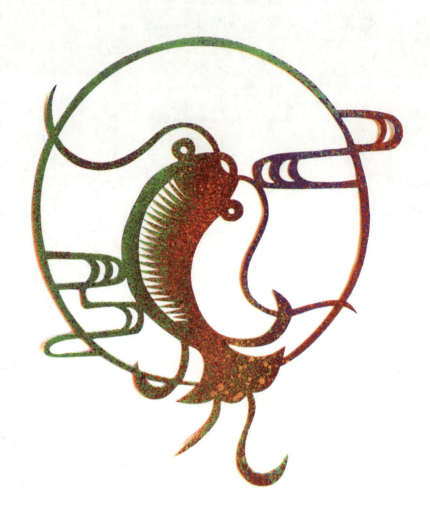

原文： 有鱼焉，其状如鲤，而六足鸟尾，名曰鲐（gé）鲐（gé）之鱼，其名自叫。《东山经》

译： 跂踵山里的深泽湖中有一种怪鱼，形状像鲤鱼，却长着六只脚和鸟的尾巴，这种鱼名叫鲐鲐鱼，它发出的声音像是在叫自己的名字。

1.常用工具材料：各色纸张、剪刀、铅笔、橡皮、订书机等。
2.特殊工具材料：小碟子、牙刷、水粉笔、丙烯颜料、水等。

创作过程

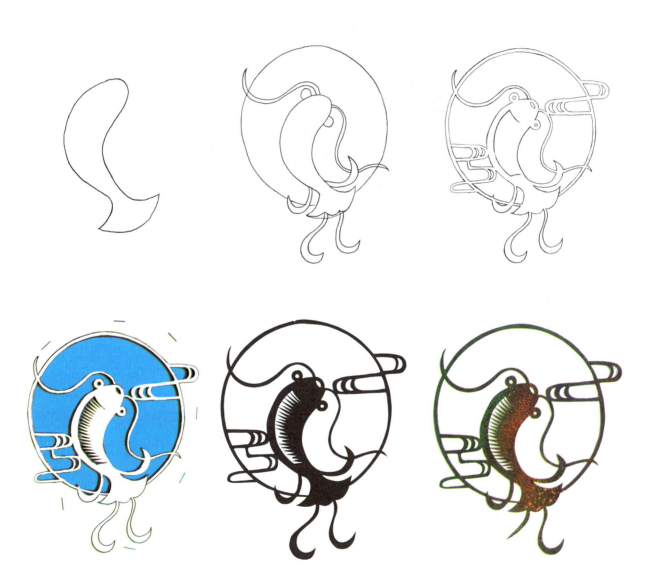

第53课　鯈蜪

原文：又南三百里，曰独山，其上多金玉，其下多美石。末涂之水出焉，而东南流注于沔（miǎn），其中多鯈（tiáo）蜪（yóng），其状如黄蛇，鱼翼，出入有光，见则其邑（yì）大旱。《东山经》

译：再南行三百里，就到了独山，山上多金属和玉石，山下也有很多玉石。末涂河发源于这里，一直向东南汇入沔水，沫涂河中有很多鯈蜪，形状像黄蛇，长有鱼一样的鳍，出水入水时常会发出光芒。它出现在哪个城市，就预示着这座城市会发生大旱灾。

工具与材料

1.各色纸张、剪刀、铅笔、橡皮、订书机等。
2.胶棒、牙签等。

创作过程

根据了解到的资料，抓住创作主体的主要特征，进行构思。"其状如黄蛇，鱼翼"也就是说外形像蛇，长着鱼一样的鳍，这是创作对象的主要特征，那么我们在创作的时候要抓住这个特征。

在心中想象出主体的形象，然后再用基本形状和线条来概括主体形象。如：头部——椭圆形；身体——蛇形。

根据心中的想法，添画鳍。在添画的时候，要注意突出主体特征。

根据了解到的资料，鲦蟰出入有光，如何表现出出入有光呢？可以在头部圈出光芒的位置。

用橡皮擦去多余线条后，添画剪纸符号及背景。

装订。根据纸张厚薄，装订4-6层纸为宜。

按照由里及外的顺序，开始剪纸。

剪完外轮廓后得到不同颜色的剪纸。

根据心中想法，分解主体与背景。

将分开的主体与背景，用胶棒固定在白色卡纸上。

根据构思，用不同颜色的纸张剪出背景或身体上的花纹，进行粘贴。

剪纸符号：水纹

水纹：经常和水生植物或鱼类、传说人物、龙凤、神仙等相组合出现，由于水的形态是不断变化的，所以水纹也有很多分类，如鱼鳞水纹、浪花纹等。水纹在使用的时候，一般不会单独出现，它会由多个纹样重复组合应用。

水波纹　　　　　涡状水纹　　　　　多层鱼鳞水纹

鳞状水纹　　　　　　　　　　浪花

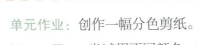

单元作业：创作一幅分色剪纸。

拓　　展：1.尝试用不同颜色、不同质感的纸张创作作品，体会不同纸质带来的不同视觉效果。

　　　　　2.根据创作对象的不同，选择合适的纸张进行创作，并将作品分别摆放在不同颜色的卡纸上，观察颜色对比。

第54课　跂踵

原文：又西二十里，曰复州之山，其木多檀，其阳多黄金。有鸟焉，其状如鸮（xiāo），而一足彘（zhì）尾，其名曰跂（qǐ）踵（zhǒng），见则其国大疫。《中山经》

译：再西行二十里是复州山，山上多檀树，山的南面盛产黄金。山中有种鸟，貌似猫头鹰，只长有一只脚，有猪一样的尾巴，它的名字叫跂踵，它出现在哪个国家，哪个国家就会爆发大瘟疫。

工具与材料

1.各色纸张、剪刀、铅笔、橡皮、订书机等。
2.胶棒、牙签等。

创作过程

第55课　冉遗鱼

原文： 又西三百五十里，曰英鞮（dī）之山，上多漆木，下多金玉，鸟兽尽白。浼（yuān）水出焉，而北流注于陵羊之泽。是多冉遗之鱼，鱼身蛇首六足，其目如马耳，食之使人不眯，可以御凶。《西山经》

　　译： 再西行三百五十里的地方是英鞮山，山上生有很多漆木，山下盛产金属和玉石，山中的鸟兽都是白色的。浼水就发源于这里，一直向北流，汇入陵羊湖。浼水中有很多冉遗鱼，这种鱼长着蛇的头，鱼的身体，还有六条腿，它的眼睛就像马的耳朵。人吃了它，不会做噩梦，而且还可以抵御凶邪。

1.各色纸张、剪刀、铅笔、橡皮、订书机等。

2.胶棒、牙签等。

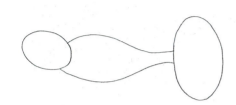

第56课　鲔鱼

原文：又东五百里，曰鸡山，其上多金，其下多丹臒（huò）。黑水出焉，而南流注于海。其中有
鲔（zhuān）鱼，其状如鲋（fù）而彘（zhì）毛，其音如豚，见则天下大旱。《南山经》

译：向东行五百里，就到了鸡山，山上盛产金属，山下多善丹。黑水河发源于这里，向南一直流
入大海。河中多鲔鱼，形似鲤鱼，却长着猪一样的毛，它发出的声音像小猪的叫声。它的出现预示着天
下会发生大旱灾。

1.各色纸张、剪刀、铅笔、橡皮、订书机等。
2.胶棒、马克笔或水彩笔等。

创作过程

根据了解到的资料，抓住创作主体的主要特征，进行构思。"其状如鲋（fù）而彘（zhì）毛"也就是说外形像鲤鱼，长着猪一样的毛，这是创作对象的主要特征，那么我们在创作的时候要抓住这个特征。

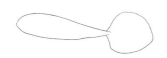

在心中想象出主体的形象，然后再用基本形状和线条来概括主体形象。如：身体——水滴形；尾巴——不规则圆形。

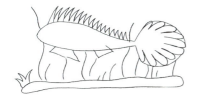

根据心中的想法，抓住主要特征，完成主体外形。再简单画出背景。

用橡皮擦去多余线条后，添画剪纸符号及背景。

装订。根据纸张厚薄，装订4-6层纸为宜。注意：一定要装订一张黑色，其他颜色随意。

按照由里及外的顺序，开始剪纸。

剪完外轮廓后，将第一张草稿纸，轻轻固定在白色卡纸上。注意：只固定一个点即可，白色底稿还要揭掉。

用马克笔，在镂空处涂色，注意色彩搭配。

将所在的空白处涂完色后，揭掉白色底稿。使用白色底稿进行涂色，是为了避免弄脏剪纸。

将黑色剪纸粘贴到涂好色的白色卡纸上，注意对准位置。

也可直接将黑色的剪纸，粘到白色卡纸上，然后涂色，这种方法要注意涂色的时候，不要涂到剪纸上。

　　柳叶纹就是由两条弧线相对形成的剪纸纹样，因其形状像柳叶而得名，是剪纸常用剪纸符号之一。多用表现花卉、叶子的纹路、眉毛、毛丝等。柳叶纹的剪法和月牙纹相似，从中间空白处下剪，从纹样的一侧沿线剪到头后，将纸掉转，继续沿线条剪。要求线条流畅。

单元作业： 创作一幅填色剪纸。

拓　　展： 尝试用不同颜色的纸进行创作，然后进行填色。

剪纸藏书票

第57课　鹛

原文：其鸟多鹛（mín），其状如翠而赤喙，可以御火。《西山经》

译：符禺山中的鸟大多是鹛，外形似翠鸟，却长着红色的喙，饲养它可以防火。

1.各色纸张、剪刀、铅笔、橡皮、订书机等。

2.胶棒、马克笔或水彩笔等。

创作过程

第58课　何罗鱼

原文：又北四百里，曰谯明之山。谯（qiáo）水出焉，西流注于河。其中多何罗之鱼，一首而十身，其音如吠犬，食之已痈（yōng）。《北山经》

译：向北行四百里的地方是谯明山。谯水河发源于这里，向西汇入黄河，河中有很多何罗鱼，只长有一个头，却有十个身子，它的声音像狗，人吃了它可以治愈毒痈。

1.各色纸张、剪刀、铅笔、橡皮、订书机等。

2.胶棒、马克笔或水彩笔等。

创作过程

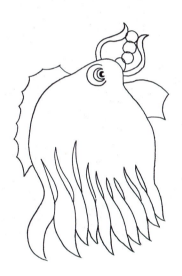

第59课　珠鳖鱼

原文： 又南三百八十里，曰葛山之首，无草木。澧（lǐ）水出焉，东流注于余泽，其中多珠鳖（biē）鱼，其状如肺而有目，六足有珠，其味酸甘，食之无疠。《东山经》

译： 再南行三百八十里，就到了葛山的第一座山峰，这里没有草木，澧水发源于这里，向东一直流入余泽湖，水中生有很多珠鳖鱼，外形貌似肺，长着四只眼睛六条腿，这种鱼能够吐出珠子。它的味道酸甜，人吃了可以不得季节流行病。

工具与材料

1.各色纸张、剪刀、铅笔、橡皮、订书机等。
2.胶棒、牙签等。

创作过程

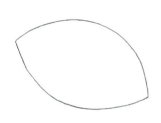

根据了解到的资料，抓住创作主体的主要特征，进行构思。"其状如肺而有目"也就是说有一种鱼，外形像肺，长着眼睛。这是创作对象的主要特征，那么我们在创作的时候要抓住这个特征。

在心中想象出主体的形象，然后再用基本形状和线条来概括主体形象。如：身体：梭形。

根据心中的想法，添画足、触须等，完成主体外形。在添画的时候，要注意突出主体特征。

用橡皮擦去多余线条后，添画剪纸符号。

装订。根据纸张厚薄，装订4-6层纸为宜。注意：一定要装订一张黑色，其他颜色随意。

按照由里及外的顺序，开始剪纸。

剪完后，我们得到白色的剪纸底稿。以剪纸底稿为模型，先想象颜色，例如：眼睛用浅蓝色衬托，那么将浅蓝色纸放在眼睛下方，沿眼睛外轮廓剪下来，注意：要剪得比眼睛略大一些，方便粘贴。其他位置同上。

将黑色的剪纸作品反面向上，用胶棒，把刚才剪的纸片贴在合适的位置上。其他位置同上。

将所有的位置都粘贴好，检查是否有遗漏。

将完成的作品，贴在白色卡纸上。
或直接将作品夹在白纸里面保存。

衬色技法：

1.整体衬一种色纸。这种技法我们在第三单元已经学过。

2.根据各部位的特点进行配色，分别在剪好的花纹之下衬不同颜色的纸，如黄色的花蕊，红色的花瓣，绿色的叶子等。

3.不按各部位的实际轮廓，在剪纸下面衬不规则的各种色纸，使衬色与主体图案相差错。

以上三种方法，以第二种衬法较为多见。

技法点击

纵向1/8对折法

单元作业：创作一幅衬色剪纸。

拓　　展：用水平八分之一对折的方式，创作一幅剪纸作品。

第60课　鲜鱼

原文：又西七十里，曰英山，其上多枏（niǔ）櫵（jiāng），其阴多铁，其阳多赤金。禺水出焉，北流注于招水，其中多鲜鱼，其状如鳖（biē），其音如羊。《西山经》

译：再向西行七十里就到了英山，山上长满了檀树和橿子栎树。山的北面盛产铁矿，南面盛产黄铜。禺水河发源于这里，向北一直流入招水河。河中有很多鲜鱼，形似甲鱼，发出的声音像羊叫。

1.各色纸张、剪刀、铅笔、橡皮、订书机等。

2.胶棒、牙签等。

创作过程

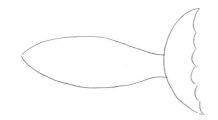

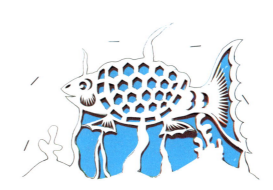

第61课　鱼妇

原文：有鱼偏枯，名曰鱼妇。颛（zhuān）顼（xū）死即复苏。风道北来，天及大水泉，蛇乃化为鱼，是谓鱼妇。颛顼死即复苏。《大荒西经》

译：在氐人国，有种鱼，身子半边干枯，名叫鱼妇。是颛顼帝死后又复苏，幻化鱼形。风从北面吹来，涌出大量的水，如同泉水一般，蛇于是变化成为鱼，这便是所谓的鱼妇。而死去的颛顼就是趁蛇鱼变化未定之时托体鱼躯并重新复苏的。

工具与材料

1.各色纸张、剪刀、铅笔、橡皮、订书机等。

2.胶棒、牙签等。

创作过程

第62课　鹦鹉

原文：有鸟焉，其状如鸮（xiāo），青羽赤喙，人舌能言，名曰鹦鹉（wǔ）。《西山经》

译：盼水河发源于黄山，山中有一种鸟，形似猫头鹰，黑色的羽毛红色的喙。它长着人一样的舌头能说话，它的名字叫鹦鹉。

1.各色纸张、剪刀、铅笔、橡皮、订书机等。

2.胶棒、牙签等。

创作过程

根据了解到的资料，抓住创作主体的主要特征，进行构思。"其状如鸮"，鸮是我国古代对猫头鹰一类鸟的统称，外形像猫头鹰，这是创作对象的主要特征，那么我们在创作的时候要抓住这个特征。

在心中想象出主体的形象，然后再用基本形状和线条来概括主体形象。如：头部——椭圆形；翅膀——梭形；腹部——弧线概括。

根据心中的想法，添画头冠、嘴巴，完成主体外形，然后添画背景。注意：背景不能喧宾夺主。

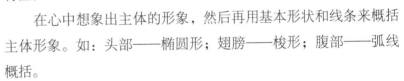

用橡皮擦去多余的线条。注意：今天我们学习的是彩贴剪纸，一般先剪出剪影，然后进行拼贴等。

装订。注意：装订的时候一定要订至少1张黑色纸张，其他颜色随意。

剪完外轮廓后，得到黑色的剪影和白色的底稿。将设计好的白色底稿与黑色剪影放在一起，构思鹦鹉身上的图案，要考虑颜色搭配。

根据自己的想法，剪出大小合适的纸片，贴在需要的位置。

粘贴重叠颜色的时候，先粘下方的颜色，然后依次向上叠加其他颜色。

完成作品后，可以用胶棒将作品粘贴在白色卡纸上。也可以直接夹在白纸里面保存。

几何符号：也是常见的剪纸符号。如：三角三边形、三角六边形、四角四边形、四角八边形、五角五边形、五角十边形、六角六边形、六角十二边形、七角七边形、七角十四边形、八角八边形、八角十六边形等。

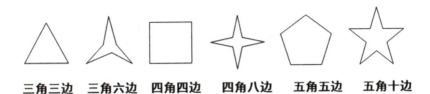

三角三边　　三角六边　　四角四边　　四角八边　　五角五边　　五角十边

技法点击

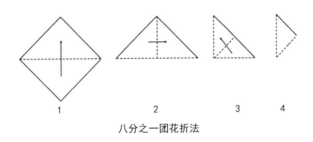

八分之一团花折法

单元作业：用彩贴技法，创作一幅剪纸。

拓　　展：想一想，哪些地方可以用衬色的方法来完成？

第63课　茈鱼

原文： 又南三百二十里，曰东始之山，上多苍玉。有木焉，其状如杨而赤理，其汁如血，不实，其名曰芑（qǐ），可以服马。泚（cǐ）水出焉，而东北流注于海，其中多美贝，多茈（zǐ）鱼，其状如鲋（fù），一首而十身，其臭如蘪（mí）芜（wú）。食之，不糈（bì）。《东山经》

译： 再南行三百二十里，就到了东始山，山上盛产墨玉。山中有一种树木，形似杨树却长着红色的纹理，它的汁水如同人的血液，它不结果实，这种树叫芑。把它的汁水涂在马的身上，可以让马驯服。泚水就发源于这里，向东北一直流入大河，河中有很多漂亮的贝类。还有很多茈鱼，这种鱼形似鲤鱼，长着一个头和十个身子，它们的臭味像川芎的幼苗。人吃了它，不会放屁。

1.各色纸张、剪刀、铅笔、橡皮、订书机等。
2.胶棒、牙签等。

创作过程

第64课　䎉鮍鱼

原文： 滥水出于其西，西流注于汉水，多䎉（rú）鮍（pí）之鱼，其状如覆（fù）铫（diào），鸟首而鱼翼鱼尾，音如磬（qìng）石之声，是生珠玉。《西山经》

译： 滥水河从鸟鼠同穴山的西面流出，一直向西流注于汉水，河中有很多䎉鮍鱼，它们貌似翻覆了的铫，长着鸟头、鱼鳍和鱼尾，发出的声音如同敲击磬的声音，这种鱼能吐出珍珠和玉石。

1.各色纸张、剪刀、铅笔、橡皮、订书机等。
2.胶棒、牙签等。

创作过程

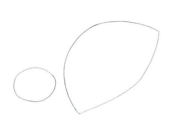

第65课　瞿如

原文：又东五百里，曰祷过之山，其上多金玉，其下多犀、兕，多象。有鸟焉，其状如鹪（jiāo），而白首、三足、人面，其名曰瞿如，其鸣自号也。浪（yín）水出焉，而南流注于海。《南山经》

译：向东行五百里就到了祷过山，山上盛产金属和玉石，山下有很多双角犀牛和独角犀牛，还有很多大象。有一种怪鸟，外形像鸡鹪，但长着白色的头，脸庞就像人的脸，生有三只脚，它的名字叫瞿如。发出的叫声如同在叫自己的名字。浪水发源于这里，向南一直流入大海。

工具与材料

1.各色纸张、剪刀、铅笔、橡皮、订书机等。
2.胶棒、马克笔或水彩笔等。

创作过程

　　根据了解到的资料，抓住创作主体的主要特征，进行构思。"其状如鵁"也就是说外形像一种叫鵁鶄的水鸟，这是创作对象的主要特征，那么我们在创作的时候要抓住这个特征。

　　在心中想象出主体的形象，然后再用基本形状和线条来概括主体形象。如：头部——水滴形；身体——水滴形。

　　根据心中的想法，添画三只足、尾巴等，完成主体外形。在添画的时候，要注意突出主体特征。

　　用橡皮擦去多余的线条后，添画剪纸符号，然后再简单画背景。

装订。注意：装订的时候，至少要订1-2张白色的生宣纸。

按照由里及外的顺序开始剪纸。

剪完外轮廓后，我们得到数张白色生宣纸做成的剪纸。

将剪完的白生宣纸作品放在报纸或毛边纸上。用马克笔染色。

注：染色剪纸一般多用白色生宣纸，纸薄易洇染。剪刻完后，用品色加白酒调和，品色加酒后渗透性强，一次能染3-5张。由于品色不容易购买，我们可以用马克笔来染色。马克笔是一种书写或绘画专用的绘图彩色笔，本身含有墨水，又名记号笔。马克笔易于操作，颜色丰富，我们可以选用合适的颜色。

染色时要注意，相邻的颜色尽量差开来染，以防相互渗透，变脏。

染的时候，准备纸巾。由于马克笔水量大，生宣又易吸水，容易渗色，这个时候就要用纸巾立刻按压在渗色的地方，吸取多余的颜色。

完成后，需要等颜色全部晾干，才能粘贴到白色卡纸上，或者夹到白纸里面存放。

小知识

水滴纹就是像水滴一样的符号，是常见的剪纸符号之一，常用于花蕊、动物的局部点缀，多个水滴纹可以自由组合成花朵，植物的叶子等。

水滴纹的法和月牙相似，首先从水滴中心空白处扎孔，然后顺着水滴的外轮廓线来剪即可。

单元作业：掌握染色技法，创作一幅染色剪纸。

拓　　展：尝试在同一位置，使用不同的染色技法。如：先染浅颜色，然后在浅颜色上，叠加深颜色，体会颜色变化。

第66课　凫徯

原文：又西二百里，曰鹿台之山，其上多白玉，其下多银，其兽多㸲（zuò）牛、羬羊、白豪。有鸟焉，其状如雄鸡而人面，名曰凫（fú）徯（xī），其鸣自叫也，见则有兵。《西山经》

译：再西行二百里就到了鹿台山，山上多白玉，山下盛产银矿，山中的野兽以山牛、羚羊、白色的豪猪为主。山中有种鸟，外形似公鸡，却长着人一样的脸，这种鸟名叫凫徯，它鸣叫的声音如同在叫自己的名字，它的出现预示着战争的爆发。

工具与材料

1.各色纸张、剪刀、铅笔、橡皮、订书机等。

2.胶棒、马克笔或水彩笔等。

创作过程

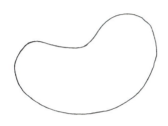

第67课　肥遗

原文：有鸟焉，其状如鹑（chún），黄身而赤喙，其名曰肥遗，食之已疠（lì），可以杀虫。《西山经》

译：英山上有一种鸟，形似鹌鹑，通身黄色，只有喙是红色的。这种鸟名叫肥遗，人吃了它可以治疗瘟疫，还可以杀死体内的蛔虫。

1.各色纸张、剪刀、铅笔、橡皮、订书机等。
2.胶棒、马克笔或水彩笔等。

创作过程

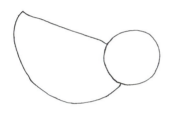

《并封》　剪纸手绘稿

第三部分　人神篇

《刑天》 剪纸手绘稿

第68课　刑天

剪影　　　　　　　　　　　单色剪纸

原文：刑天与帝至此争神，帝断其首，葬之常羊之山。乃以乳为目，以脐为口，操干戚以舞。《海外西经》

译：刑天与天帝争夺主神的位置，天帝砍断了他的头，将他的头埋葬在常羊山。于是刑天以两个乳头当眼睛，以肚脐当嘴，手持盾牌和斧子继续作战。

各色纸张、剪刀、铅笔、橡皮、订书机等。

创作过程

根据了解到的资料，抓住创作主体的主要特征，进行构思。"断其首"即：头被砍断了，是没有头的，这是创作主体的主要特征，那么我们在创作的时候要抓住这个特征。

在心中想象出主体的形象，然后再用基本形状和线条来概括主体形象。如：身体——椭圆形；大腿：不规则椭圆形；盾牌——圆形。

根据心中的想法，添画四肢及斧头等，完成主体外形。

剪影，即只剪主体形象的外轮廓。所以建议初学者，用橡皮擦掉多余线条。

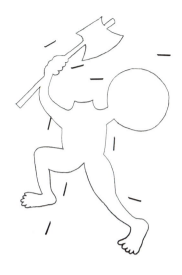

装订。根据纸张厚薄，装订4-6层纸为宜。

沿外轮廓剪完。

小知识

铜钱纹：因形状像铜钱而得名，是剪纸中的常用符号之一。常用来表示招财进宝或富裕。

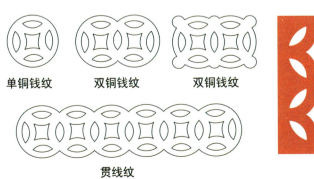

单铜钱纹　　双铜钱纹　　双铜钱纹

贯线纹　　　　　　　　阴剪铜钱窗格

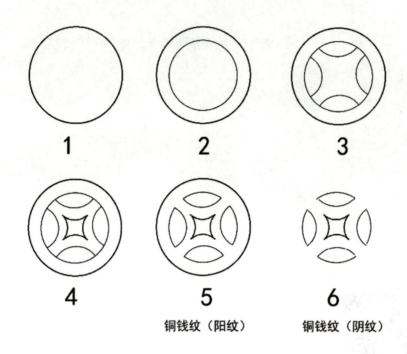

铜钱纹（阳纹）　　铜钱纹（阴纹）

铜钱纹画法：

第一步：先画外圆。

第二步：再画内圆。

第三步：用弧线画四边的空隙。

第四步：画中心的空隙。

第五步：擦去多余线条后，就是阳剪的铜钱纹。

第六步：将外圆擦去，即阴剪铜钱文。

注：画阴剪铜钱纹时，也可不画内圆，直接在外圆的基础上画出铜钱纹。

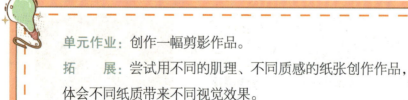

单元作业：创作一幅剪影作品。

拓　　展：尝试用不同的肌理、不同质感的纸张创作作品，
体会不同纸质带来不同视觉效果。

铜线纹折叠方法：

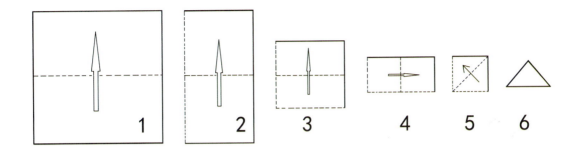

不同的剪法，会形成不同的图案：

剪去图中阴影部分

第69课 英招

剪纸　　　　　　　　　　　　　单色剪影

原文：又西三百二十里，曰槐江之山。丘时之水出焉，而北流注于泑（āo）水。其中多嬴（luǒ）母，其上多青、雄黄，多藏埌（láng）圱（gān）、黄金、玉，其阳多丹粟。其阴多采黄金、银。实惟帝之平圃，神英招司之，其状马身而人面，虎文而鸟翼，徇于四海，其音如榴。《西山经》

译：再西行三百二十里的地方是槐江山，丘时河发源于这里，向北汇入泑水河。河中多螺蛳，山上多黑玛瑙和雄黄，还隐藏着如珠似玉的美丽石头、黄金、玉石。山的南面盛产粟米粒一样的丹砂，北面盛产有彩纹的黄金和白银。这里是天帝的园圃，有一个名叫英招的神主管这里，他的样子像马，长着人一样的脸，身上的斑纹似老虎，长着鸟一样的翅膀。他在四海之间巡视，他的声音就像是抽水。

工具与材料

各色纸张、剪刀、铅笔、橡皮、订书机等。

创作过程

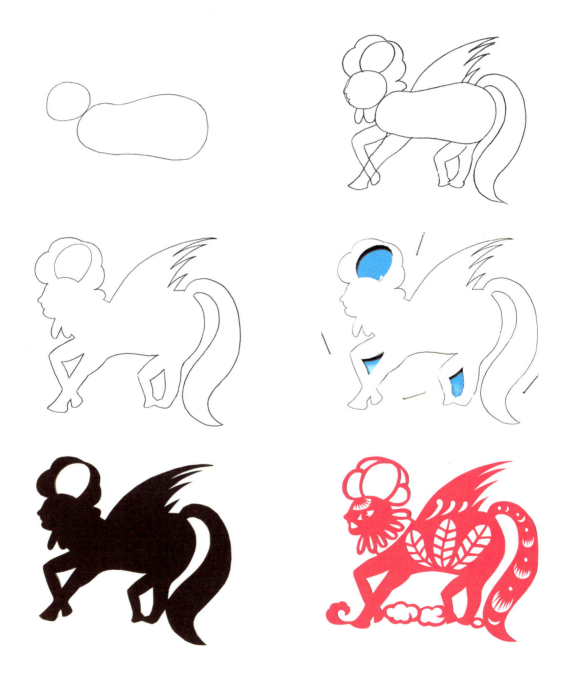

第70课　天吴

剪纸

单色剪影

原文：朝阳之谷，神曰天吴，是为水伯。在蚘蚘（hóng）北两水间。其为兽也，八首人面，八足八尾，皆青黄。《海外东经》

译：朝阳谷中有个神叫天吴，他就是水伯。天吴居住在彩虹北方的两条河流中间。他是一个神兽，长着八个头、八条腿、八条尾巴和人一样的面孔，它的通身都是黑黄色的。

各色纸张、剪刀、铅笔、橡皮、订书机等。

第71课　轩辕国

原文：轩辕之国在此穷山之际，其不寿者八百岁。在女子国北。人面蛇身，尾交首上。《海外西经》

译：轩辕国位于穷山的边际，这里的人寿命最短的都能活八百岁。轩辕国位于女子国的北方，这里的人长着人一样的面孔和蛇一样的身躯，尾巴盘在头顶上。

工具与材料

各色纸张、剪刀、铅笔、橡皮、订书机等。

创作过程

根据了解到的资料，抓住创作主体的主要特征，进行构思。"人面蛇身，尾交首上"即：长着蛇一样的身体，人一样的脸，尾巴盘在头顶上，这是创作对象的主要特征，那么我们在创作的时候要抓住这个特征。

在心中想象出主体的形象，然后再用基本形状和线条来概括。如：头部——冬瓜形；身体——蛇形。

根据心中的想法，先添画头部的剪纸符号，在添画的时候，要注意突出主体特征。完成主体外形后，用橡皮擦掉多余的线条。

添画身体部位的剪纸符号，再适当添加背景。注意：背景是为了衬托主体，不能喧宾夺主。

装订。根据纸张厚薄，装订4–6层纸为宜。

剪纸要按照一定的顺序来剪，例如：由内及外、由上及下、由左及右、由小及大……

这里，我们要先剪需要插剪刀才能剪的地方，即图中蓝色区域。再剪外轮廓。

沿外轮廓剪完。

小知识

剪纸符号的使用：在剪纸中，圆孔、月牙纹、锯齿纹虽然各有其特点，但经常混合使用，剪纸艺人将符号有机的搭配在一起，呈现出不一样的装饰效果。

如：圆与月牙纹可以组合成眼睛和眉毛，也可以装饰成动物脊背上的花纹。圆和锯齿纹也可以组合成眼睛和眉毛，不同的组合，出现不同的效果。

连续对折法（二方连续折法）

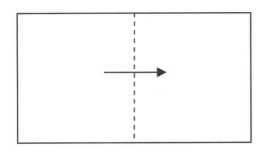 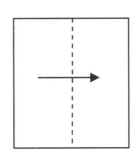

准备长方形纸张，对折　　　再次对折

二方连续（连续对折）

单元作业：创作一幅剪纸作品。

拓　　展：用连续对折的方式，创作一幅剪纸作品。

第72课　禺彊

原文：北方禺（yú）彊（qiáng），人面鸟身，珥（ěr）两青蛇，践两青蛇。《海外北经》

译：北方有个神叫禺彊，他长着人一样的脸，身体却像鸟，他的耳朵上盘着两条黑蛇，脚下踩着两条黑蛇。

各色纸张、剪刀、铅笔、橡皮、订书机等。

第73课　奢比尸

原文：有神，人面、犬耳、兽身，珥（ěr）两青蛇，名曰奢比尸。《大荒东经》

译：有一个神，长着人一样的脸，狗一样的耳朵，野兽一样的身躯，以两条黑蛇为耳饰，他的名字叫奢比尸。

各色纸张、剪刀、铅笔、橡皮、订书机等。

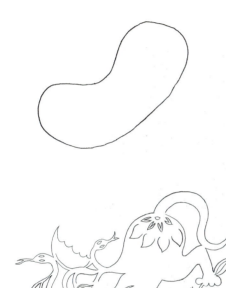

第74课　鬼国

原文：鬼国在贰负之尸北，为物人面而一目。一曰贰负神在其东，人面蛇身。《海内北经》

译：鬼国位于贰负之尸的北方，那里的人形貌像人的脸，却只有一只眼。有一种说法是贰负神在鬼国的东方，那里的怪物都长着人一样的脸和蛇一样的身躯。

1.各色纸张、剪刀、铅笔、橡皮、订书机等。
2.星空纸或广告纸。

创作过程

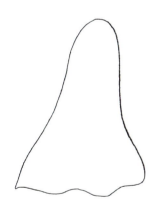

根据了解到的资料，抓住创作主体的主要特征，进行构思。

在心中想象出主体的形象，然后再用基本形状和线条来概括主体形象。如：身体——不规则形状。

根据心中的想法，添画其他部位，完成主体形象。

用橡皮擦去多余的线条后，添加剪纸符号后再添加背景。

第1次装订，根据纸张厚薄，先装订2-3层纸为宜。

按照由里及外的顺序，开始剪纸。（先将需要用剪刀扎孔才能剪的地方全部剪完）

第2次装订，在剪完身体花纹的剪纸后面，装订星空纸（或广告纸等），根据纸张厚薄，装订2-3层为宜。

沿外轮廓剪完后，同时得到单色剪纸和剪影。

将剪影放在单色剪纸下方，进行衬色，并用胶棒固定。

小知识

火焰纹和水纹、云纹一样，是富有变化的剪纸元素，剪纸艺人通过概括、提炼、加工，将它设计的既形象又简练，体现了民间艺术的传统特点。

火焰纹常常伴随龙、凤、麒麟等祥瑞神兽以及神仙、宝物出现。

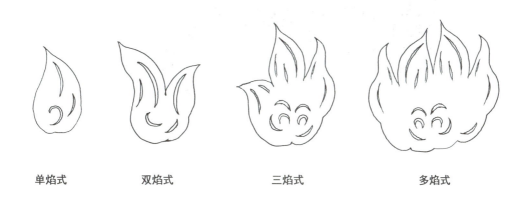

| 单焰式 | 双焰式 | 三焰式 | 多焰式 |

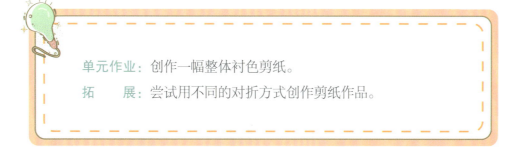

单元作业：创作一幅整体衬色剪纸。

拓　　展：尝试用不同的对折方式创作剪纸作品。

第75课　相柳

原文：共工之臣曰相柳氏，九首，以食于九山。相柳之所抵，厥为泽溪。禹杀相柳，其血腥，不可以树五谷种。禹厥之，三仞三沮，乃以为众帝之台。在昆仑之北，柔利之东。相柳者，九首人面，蛇身而青。不敢北射，畏共工之台。台在其东。台四方，隅有一蛇，虎色，首卫南方。《海外北经》

译：共工的臣子叫相柳氏，他长着九个头，在九座山中觅食。相柳氏所经过的地方，土地会被庞大的身躯挖掘成湖和溪流。禹杀死了相柳氏，他的血腥臊，凡是被血染过的土地，都无法再种植五谷。禹多次挖掘这些土，用这些土给多位古帝修建帝台。帝台位于昆仑山的北方，柔利国的东方。相柳氏长着九个头，他有人一样的脸，蛇一样的黑色身躯。这里的人射箭都不敢朝北方射，因为敬畏共工的祭台。共工的祭台位于他的东方，祭台四四方方，每个角落都有一条蛇。蛇长着虎一样的斑纹，面朝南方。

工具与材料

1.各色纸张、剪刀、铅笔、橡皮、订书机等。

2.星空纸或广告纸。

创作过程

单色剪纸　　　　　剪影　　　　　整体衬色

　　剪完后，我们得到两种不同形式的剪纸，即：单色剪纸、剪影。将剪纸放在剪影上面，然后用胶棒固定，得到：整体衬色剪纸。

第76课　帝台之棋

　　原文：中次七经苦山之首，曰休与之山，其上有石焉，名曰帝台之棋，五色而文，其状如鹑卵。帝台之石，所以祷百神者也。服之，不蛊。有草焉，其状如蓍，赤叶而本丛生，名曰夙条，可以为竿。《中山经》

　　译：中部第七列山系以苦山为首，苦山的第一座山叫休与山，山上有种石头，是帝台的棋子，彩色的石子上还有美丽的花纹，形状貌似鹌鹑蛋。帝台的石头是让百神祈祷的。人佩戴它，能避免蛊惑。山中有种草，貌似艾蒿，叶子是红色的，根茎生在一起，它的名字叫夙条，能够制作箭干。

工具与材料

1.各色纸张、剪刀、铅笔、橡皮、订书机等。

2.星空纸或广告纸。

创作过程

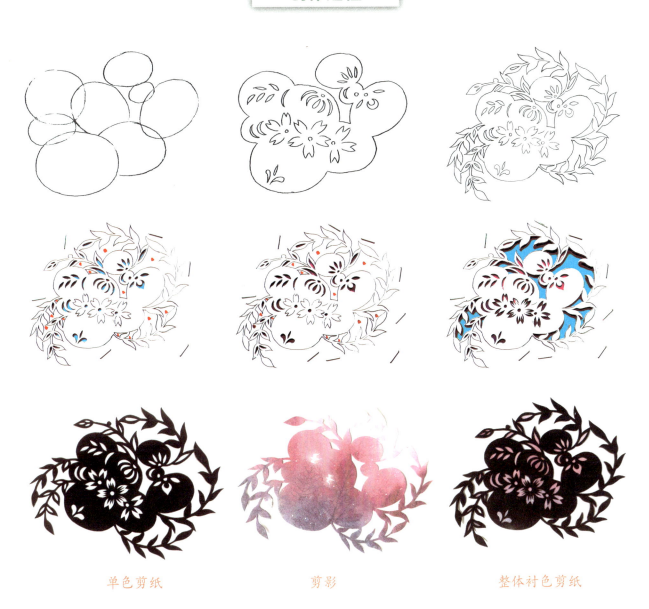

单色剪纸　　　　　　　　剪影　　　　　　　　整体衬色剪纸

剪完后，我们得到两种不同形式的剪纸，即：单色剪纸、剪影。将剪纸放在剪影上面，然后用胶棒固定，得到：整体衬色剪纸。

第77课　阘非

原文：阘（tà）非，人面而兽身，青色。《海内北经》

译：阘非，它长着人一样的脸和野兽一样的身躯，通身青色。

工具与材料

1.常用工具材料：各色纸张、剪刀、铅笔、橡皮、订书机等。
2.特殊工具材料：打火机、香、湿纸巾等。

 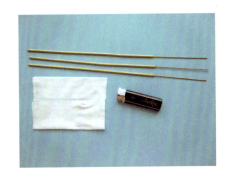

创作过程

根据了解到的资料，抓住创作主体的主要特征，进行构思。"人面而兽身"即：外形野兽，长着人一样的脸，这是创作对象的主要特征，那么我们在创作的时候要抓住这个特征。

在心中想象出主体的形象，然后再用基本形状和线条来概括主体形象。如：头部——不规则圆形；身体——不规则椭圆。

根据心中的想法，添画四肢、耳朵等，完成主体外形后，再简单添画背景。

擦去多余线条后，添画剪纸符号。用虚线标出需要香烧的地方。

装订。香烧剪纸根据纸张厚薄，装订2-3层纸为宜。

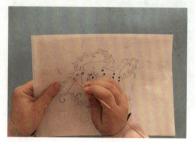

用点燃的香，依次香烧。注：也可先剪后烧。

按照由内及外的顺序，开始剪纸。

最后剪去外轮廓。

小知识

2006年5月20日，剪纸艺术遗产经国务院批准列入第一批国家级非物质文化遗产名录。2009年9月28日至10月2日举行的联合国教科文组织保护非物质文化遗产政府间委员会第四次会议上，中国申报的中国剪纸项目入选"人类非物质文化遗产代表作名录"。

团花四分之一折法：

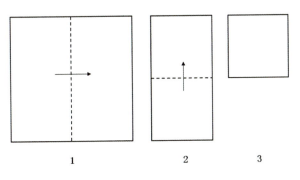

1   2   3

四分之一折法

单元作业：创作一幅香烧剪纸。

拓　　展：尝试用团花四分之一折法创作一幅剪纸作品。

第78课　人面鸟身山神

　　原文：凡济山经之首，自辉诸之山至于蔓渠之山，凡九山，一千六百七十里。其神皆人面而鸟身。祠用毛，用一吉玉，投而不糈（xǔ）。《中山经》

　　译：济山山系从辉诸山到蔓渠山，共九座山，绵延一千六百七十里。这些山的山神都长着人一样的脸和鸟一样的身体。祭祀的时候，用皮毛之物，还要献一块美玉，把祭品投出，祭祀不能使用精米。

工具与材料

1.常用工具材料：各色纸张、剪刀、铅笔、橡皮、订书机等。

2.特殊工具材料：打火机、香、湿纸巾等。

创作过程

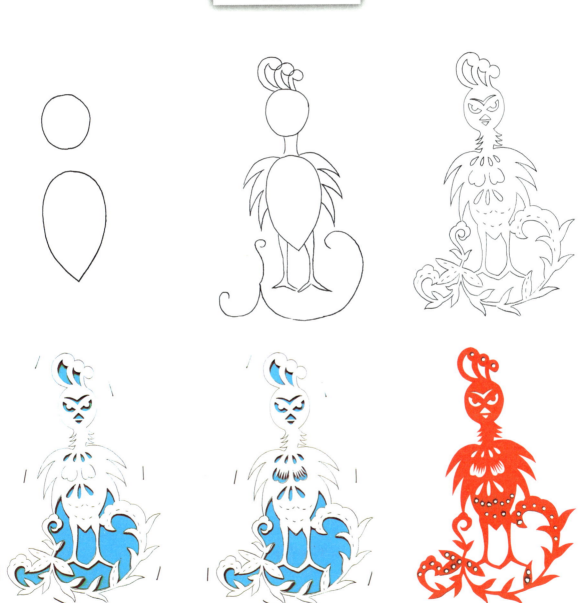

第79课　勾芒

原文： 东方勾芒，鸟身人面，乘两龙。《海外东经》

译： 东方的神是勾芒，长着鸟一样的身体人一样的脸，他驾乘着两条龙。

1.常用工具材料：各色纸张、剪刀、铅笔、橡皮、订书机等。

2.特殊工具材料：打火机、香、湿纸巾等。

创作过程

第80课 聂耳国

原文： 聂耳之国在无肠国东，使两文虎，为人两手、聂其耳。县居海水中，及水所出入奇物。两虎在其东。《海外北经》

译： 聂耳国在无肠国东边，这里的人，人人都驱使着两只带花纹的虎，他们要用两只手拖着自己的大耳朵。聂耳国孤悬于海外，在这里能够看到海里各种奇特的怪物。有两只老虎栖息在聂耳国的东方。

1.常用工具材料：各色纸张、剪刀、铅笔、橡皮、订书机等。
2.特殊工具材料：小碟子、牙刷、水粉笔、丙烯颜料、水等。

 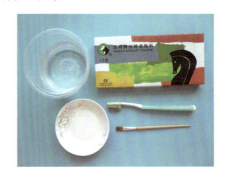

创作过程

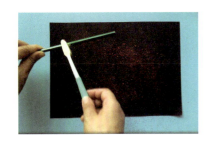

　　用水调匀颜色后，用牙刷蘸取适量的颜色，在铅笔上拉动，牙刷上的颜色就会喷洒在纸张上（建议用厚一些的纸张），形成斑驳的效果。喷完一种颜色后，洗干净牙刷毛笔，再喷另一种颜色。建议喷在黑色、白色或其他颜色的纸张上，多喷几张，并晾干。

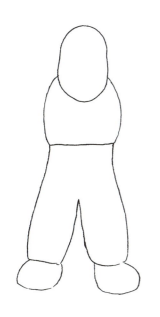

　　根据了解到的资料，抓住创作主体的主要特征，进行构思。"为人两手、聂其耳"即：聂耳国的人，用两只手托着自己的大耳朵，这是创作对象的主要特征，那么我们在创作的时候要抓住这个特征。

　　在心中想象出主体的形象，然后再用基本形状和线条来概括主体形象。如：头部——椭圆形；身体——不规则形；下肢——长方形；脚——不规则。

根据心中的想法，添画耳朵、上肢等完成主体外形。在添画的时候，注意突出主体特征。完成主体后，再添加背景。

用橡皮擦去多余线条后，添画剪纸符号。

装订。根据纸张厚薄，装订2-4层纸为宜。

按照由内及外的顺序剪纸，最后剪外轮廓。

喷绘在不同颜色、不同质地的纸张上，会得到不同效果的剪纸。

小知识

可以将颜色喷在不同材料、不同肌理的纸张上。如上图，就是喷印在了毛边纸上，当然也可以喷在报纸、高丽纸等纸上。

试着将颜色多喷在几种不同材质的纸上，体会不同纸张带来的不同效果。

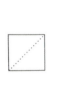

1/10折法
（五角、十角折法）

单元作业：创作一幅喷绘剪纸。

拓　　展：创作一幅十分之一团花剪纸。

第81课 骄虫

原文：中次六经缟（gǎo）羝（dī）山之首，曰平逢之山。南望伊洛，东望穀（gǔ）城之山。无草木，无水，多沙石。有神焉，其状如人而二首，名曰骄虫，是为螫（zhē）虫，实惟蜂蜜之庐。其祠之：用一雄鸡，禳（ráng）而勿杀。《中山经》

译：中部的第六列山是缟羝山山系，它的第一座山叫平逢山。平逢山向南与伊洛河遥遥相望，向东与穀城山相望。山上无草木，没有水源，多沙石。山中有一个神，他长着两个头，名叫骄虫。这个神是一个会蜇人的虫子，这座山就是蜜蜂的房子。祭祀他的时候，要用一只公鸡来祈祷，但是不能杀鸡。

工具与材料

1.常用工具材料：各色纸张、剪刀、铅笔、橡皮、订书机等。

2.特殊工具材料：小碟子、牙刷、水粉笔、丙烯颜料、水等。

创作过程

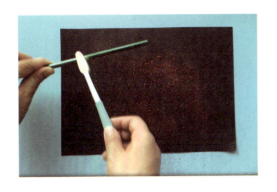
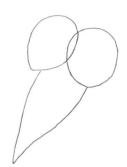

第82课 夸父

原文：夸父与日逐走，入日。渴欲得饮，饮于河渭，河渭不足，北饮大泽。未至，道渴而死。弃其杖，化为邓林。《海外北经》

译：夸父追逐太阳，渐渐追上了太阳。他口渴得想要喝水，于是就去喝黄河和渭河中的水，结果这两条河的水不够他喝，他就想向北方继续喝大泽中的水，却因为口渴死在了去大泽的路上。他死时扔掉了自己的神杖，神杖便化成了邓林。

1.常用工具材料：各色纸张、剪刀、铅笔、橡皮、订书机等。
2.特殊工具材料：小碟子、牙刷、水粉笔、丙烯颜料、水等。

创作过程

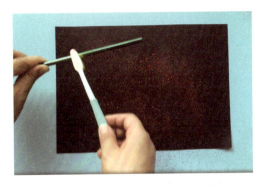
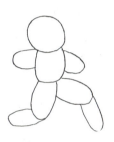

第83课　烛阴

原文：钟山之神，名曰烛阴，视为昼，瞑为夜。吹为冬，呼为夏。不饮，不食，不息。息为风。身长千里。在无启之东。其为物：人面，蛇身，赤色。居钟山下。《海外北经》

译：钟山的山神名叫烛阴，他睁开眼睛就是白天，闭上眼睛就是黑夜。他吹气时是冬天，呼气时是夏天。他不喝、不吃，也不呼吸。如果他呼吸就会形成风。他的身体有一千里那么长。他居住在无启国的东方。他的样子是：人一样的脸，蛇的身体，全身都是红色的。他居住在钟山山下。

1.常用工具材料：各色纸张、剪刀、铅笔、橡皮、订书机等。
2.特殊工具材料：小碟子、牙刷、水粉笔、丙烯颜料、水等。

创作过程

根据了解到的资料，抓住创作主体的主要特征，进行构思。"人面，蛇身"即人的脸，蛇的身体，这是烛阴的特征，我们在创作的时候要抓住这个特征。

在心中想象出主体的形象，然后再用基本形状和线条来概括主体形象。如：头部——圆形；身体——不规则形状。

根据心中的想法，添画完成主体外形。在添画的时候，要注意突出主体特征。

用橡皮擦去多余线条后，添画剪纸符号及背景。

装订后，按由里及外的顺序开始剪纸，有毛刺的地方先开边。装订时根据纸张厚薄，装订4-6层纸为宜。注意：装订一定要有黑色纸张，最好是稍厚的黑色卡纸，其他颜色的纸张随意。

剪毛刺。

剪完外轮廓后完成。

将单色剪纸放在卡纸上。用牙刷蘸取颜色进行喷绘。喷完一种颜色后，洗净牙刷再喷另一种颜色，或直接换新牙刷再喷。

喷完所有的颜色后，立即将剪纸揭开，放一边晾干。喷完后，一次得到两张作品，一张为喷绘剪纸，一张为剪纸喷印作品。

剪纸团花折叠方法：八分之一折法

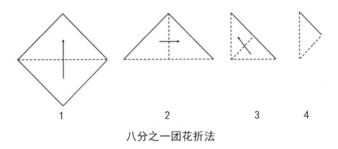

1   2   3   4

八分之一团花折法

单元作业：创作一幅喷印剪纸。

拓　　展：用八分之一团花折法创作一幅剪纸作品。

第84课　建木

原文：有木，其状如牛，引之有皮，若缨、黄蛇。其叶如罗，其实如栾，其木若蓝（音：欧），其名曰建木。在窫（yà）窳（yǔ）西弱水上。《海内南经》

译：有一种树，它貌似牛，用手一拉就可以把树皮撕下来。树皮像缨子，又像黄蛇皮。这种树的叶子密如罗网，果实像栾树的果实，树干像刺榆，它的名字叫建木。建木生长在窫窳以西的弱水河畔。

1.常用工具材料：各色纸张、剪刀、铅笔、橡皮、订书机等。

2.特殊工具材料：小碟子、牙刷、水粉笔、丙烯颜料、水等。

创作过程

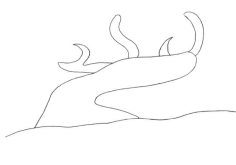

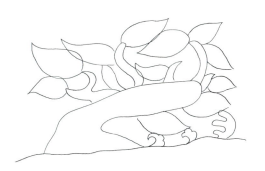

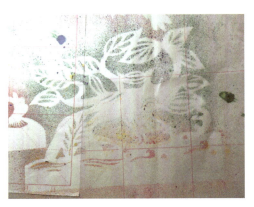

第85课　厌火国

原文：厌火国在其国南，兽身黑色。生火出其口中。一曰在讙（huān）朱东。《海外南经》

译：厌火国在讙朱国南方，国内有种通身乌黑的怪兽，火从它的嘴里吐出。还有种说法是厌火国在讙朱国的东方。

1.常用工具材料：各色纸张、剪刀、铅笔、橡皮、订书机等。

2.特殊工具材料：小碟子、牙刷、水粉笔、丙烯颜料、水等。

创作过程

第86课　小人国

原文： 有小人国，名靖人。《大荒东经》

译： 有个小人国，小人国的人名叫靖人。

1.各色纸张、剪刀、铅笔、橡皮、订书机等。

2.胶棒、牙签等。

创作过程

文中只是提到小人国，我们可以抓住"小人"两字进行构思，想一想，如何突出小人的特征。

在心中想象出主体的形象，然后再用基本形状和线条来概括主体形象。如：头部——圆形；身体——椭圆形。

根据心中的想法，完成主体后，再添画背景。

用橡皮擦去多余线条后，添画剪纸符号及背景。

装订。根据纸张厚薄，装订4-6层纸为宜。

按照由里及外的顺序，开始剪纸。

剪完外轮廓后得到不同颜色的剪纸。

根据心中想法，将剪纸分解。

将分开的主体与背景，放在白色卡纸上，并用胶棒固定。

根据构思，用不同颜色的纸张剪背景，进行粘贴。

技法点击

剪纸团花折叠方法：六分之一折法。

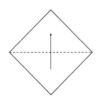

团花1/6折法
（3折法、6折法）

在1/6折法的基础上，再次对折后，为1/12折法

同样的图案，由于折法不同，会产生不同的视觉效果。

单元作业：创作一幅分色剪纸。

拓　　展：用六分之一团花折法创作一幅剪纸作品。

有些汉字是对称的，有些接近对称，这些特殊的汉字，可以组成词组。试试看，你能组合出哪些词语？

早安
青春
森林
山水画
美丽风景
天天开心
水火不容
金木水火土

阴剪字

早安
青春
森林
山水画
美丽风景
天天开心
水火不容
金木水火土

阳剪字

对称的汉字，阴剪的时候，可以采用对称剪的方法；
对称的汉字，阳剪的时候，也可以采用对称剪的方法。

注意：接近对称的汉字在对称阴剪的时候，要按笔画少的一部分来剪。

接近对称的汉字在对称阳剪的时候，要按笔画多的一部分来剪。

第87课　羽民国

原文：羽民国在其东南，其为人长头，身生羽。一曰在比翼鸟东南，其为人长颊。《海外南经》

　　译：羽民国位于这个区域的东南方，这个国家的人都长着很长很长的头，身上长着羽毛和翅膀。有一种说法是羽民国在比翼鸟栖息地的东南，这里的人长着很长的面颊。

1.各色纸张、剪刀、铅笔、橡皮、订书机等。

2.胶棒、牙签等。

创作过程

剪完后我们得到不同颜色的剪纸，根据想法将剪纸分离，并进行粘贴。

第88课　神魃

原文：又西百二十里，曰刚山。多柒木，多琗（tú）珤（fú）之玉。刚水出焉，北流注于渭。是多神魃（音：耻），其状人面兽身，一足一手，其音如钦。《西山经》

> **译：**再向西一百二十里就到了刚山。山上有很多漆树，有很多琗珤玉。刚水就发源于这里，一直向北流入渭河。这里有很多神魃，它们的脸像人，身体像野兽，只有一条腿一只胳膊，它们的叫声像打呵欠一样。

1.各色纸张、剪刀、铅笔、橡皮、订书机等。
2.胶棒、牙签等。

创作过程

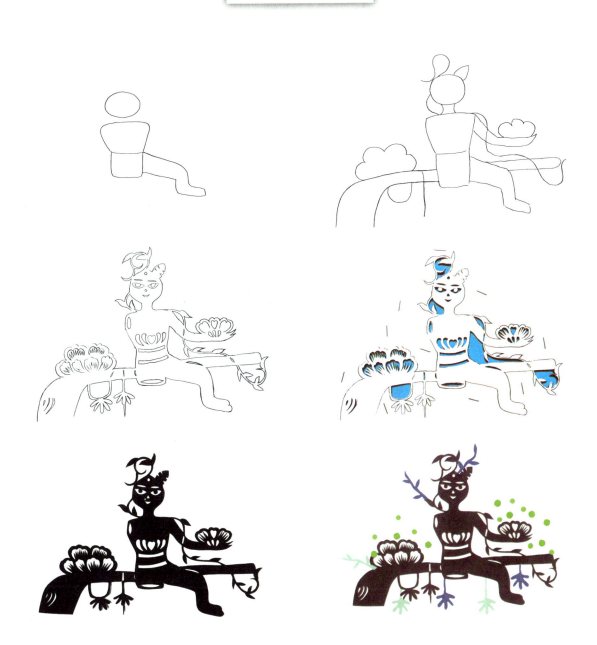

剪完后，我们先将主体用胶棒固定在卡纸上，然后用剪贴背景。

第89课　女尸

原文： 又东二百里，曰姑媱之山，帝女死焉，其名曰女尸，化为䔄（yáo）草，其叶胥成，其华黄，其实如菟（tù）丘。服之，媚于人。《中山经》

译： 向东二百里就到了姑媱山，天帝的女儿死在这里，她的名字叫女尸。她死后化成了䔄草，它的叶子层层相叠而成，它的花是黄色的，它的果实像菟丝子。女人吃了它，能狐媚他人。

工具与材料

1.各色纸张、剪刀、铅笔、橡皮、订书机等。
2.胶棒、牙签等。

创作过程

根据了解到的资料，抓住创作主体的主要特征，进行构思。"化为蓇（yáo）草，其叶胥成"，即：女尸死后化成了蓇草，它的叶子层层相叠而成。这是创作对象的主要特征，那么我们在创作的时候要抓住这个特征。

在心中想象出主体的形象，然后再用基本形状和线条来概括主体形象。

根据心中的想法，抓住主要特征，完成主体外形。

用橡皮擦去多余线条后，添画剪纸符号及背景。

装订。根据纸张厚薄，装订4-6层纸为宜。注意：一定要装订一张黑色，其他颜色随意。

按照由里及外的顺序，开始剪纸。

剪完外轮廓后，将第一张草稿纸，轻轻固定在白色卡纸上。注意：只固定一个点即可，白色底稿还要揭掉。

用马克笔，在镂空处涂色，注意色彩搭配。

将剪纸镂空处涂完色后，揭掉白色底稿。

仔细检查是否有需要补充颜色的地方，并将其补充完成。

将黑色剪纸粘贴到涂好色的白色卡纸上。注意对准位置。

也可直接将黑色的剪纸，粘到白色卡纸上再涂色，这种方法要注意涂色的时候，不要涂到剪纸上。

剪纸团花折叠方法：十分之一折法。

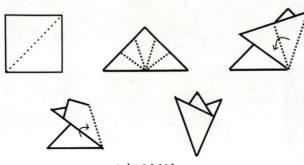

1/10折法
（五角、十角折法）

单元作业：创作一幅填色剪纸。

拓　　展：尝试用十分之一团花折法，创作一幅剪纸作品。

第90课　羊身人面山神

　　原文：凡西次三经之首，崇吾之山至于翼望之山，凡二十三山，六千七百四十四里。其神状皆羊身人面。其祠之礼，用一吉玉瘗（yì），糈（xǔ）用稷米。《西山经》

　　译：西方第三排山系的第一座山，众崇吾山到翼望山，共二十三座山，绵延六千七百四十四里。这些山的山神都长着羊的身躯和人的面孔。祭祀他们的礼仪是把一块吉祥的玉石埋到地下，祭祀用的米要用稷米。

1.各色纸张、剪刀、铅笔、橡皮、订书机等。
2.胶棒、马克笔或水彩笔等。

创作过程

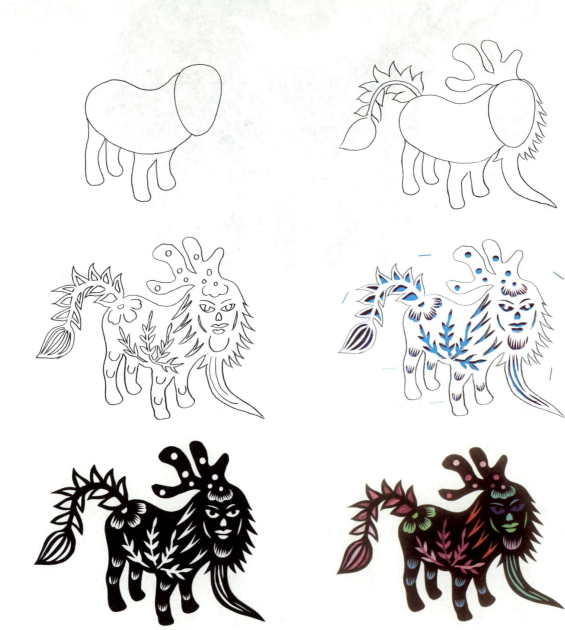

第91课　扶桑树

原文： 大荒之中，有山名曰孽摇頵（jūn）羝（dī）。上有扶木，柱三百里，其叶如芥。有谷曰温源谷。汤谷上有扶木，一日方至，一日方出，皆载于乌。《大荒东经》

译： 在大荒当中，有一座名叫孽摇頵羝的山。山上有棵扶桑树，高耸三百里如同天柱，叶子的形状像芥菜叶。有一道山谷叫温源谷。汤谷中生长着扶桑树，一个太阳刚刚回到汤谷，另一个太阳刚刚从扶桑树上出去，都负载于三足乌的背上。

1.各色纸张、剪刀、铅笔、橡皮、订书机等。
2.胶棒、马克笔或水彩笔等。

创作过程

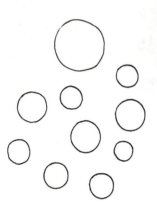
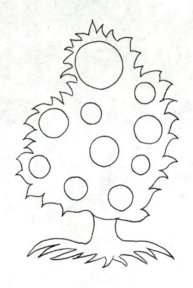

第92课　帝江

原文：又西三百五十里，曰天山，多金玉，有青、雄黄。英水出焉，而西南流注于汤谷。有神焉，其状如黄囊，赤如丹火，六足四翼，浑敦无面目，是识歌舞，实惟帝江也。《西山经》

译：再向西三百五十里的地方叫天山，山上盛产金属和玉石，有黑色的玛瑙和雄黄。英水河发源于这里，向西南汇入汤谷中。谷中有个神，他貌似黄色的口袋，通身发黄而精光发红，他长着六条腿和四个翅膀，他混沌一片没有脸也没有眼睛，他非常擅长音乐和舞蹈。这个神就是帝江。

1.各色纸张、剪刀、铅笔、橡皮、订书机等。

2.胶棒、牙签等。

创作过程

根据了解到的资料，抓住创作主体的主要特征，进行构思。"其状如黄囊，六足四翼，浑敦无面目"即：外形像口袋，六只足四只翅膀，没有眼睛。这是创作对象的主要特征，那么我们在创作的时候要抓住这个特征。

在心中想象出主体的形象，然后再用基本形状和线条来概括主体形象。如：身体——椭圆形。

根据心中的想法，添画翅膀等，完成主体外形。在添画的时候，要注意突出主体特征。

用橡皮擦去多余线条后，添画剪纸符号。

装订。根据纸张厚薄，装订4-6层纸为宜。注意：一定要装订一张黑色，其他颜色随意。

按照由里及外的顺序，开始剪纸。

剪完后，我们得到白色的剪纸底稿。以剪纸底稿为模型，先想象颜色，例如：云纹用浅蓝色衬托，那么将浅蓝色纸放在云纹下方，沿外轮廓剪下来，注意：要剪得比云纹略大一些，方便粘贴。其他位置同上。

将黑色的剪纸作品反面向上，用胶棒把刚才剪的纸片贴在合适的位置上。其他位置同上。

将所有的位置都剪好，并粘贴好，检查是否有遗漏。

将完成的作品，贴在白色卡纸上，或直接将作品夹在白纸里面保存。

　　衬色剪纸，要求主体颜色不能太鲜艳，以免同衬色冲突，一般多用黑色纸和金箔纸。往往，衬色的部位要大一些，以突出鲜明的视觉效果。

　　广东佛山的衬色剪纸，以金箔纸刻成后，将各部位分别衬以大红、玫红、翠绿、深蓝，湖蓝等鲜艳的纸张，显得富丽堂皇，称为"铜衬料"。

技法点击

门笺花制作方法：

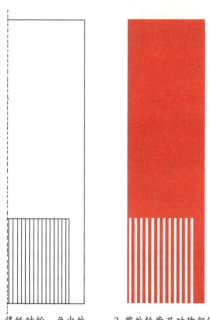

1. 将纸对折，画出外轮廓及对称的部位。

2. 剪外轮廓及对称部位。

3. 画图。

4. 剪制完成。

单元作业：创作一幅衬色剪纸。

拓　　展：用对称的形式创作一幅衬色剪纸作品。

第93课　帝女桑

原文：又东五十里，曰宣山，沦水出焉，东南流注于视水，其中多蛟。其上有桑焉，大五十尺，其枝四衢（qú），其叶大尺余，赤理、黄华、青柎（fū），名曰帝女之桑。《中山经》

译：再向东五十里就到了宣山，沦水河发源于这里，一直向东南汇入视水河，河中有很多蛟。山上有桑树，大树高达五十尺，枝杈四分，它的叶子大的有一尺多，树身上有红色的纹理，开黄色的花，花萼是青色的，这种桑树名叫帝女桑。

1.各色纸张、剪刀、铅笔、橡皮、订书机等。

2.胶棒、牙签等。

创作过程

第94课　女丑

　　原文：女丑之尸，生而十日炙杀之。在丈夫北。以右手鄣（zhāng）其面。十日居上，女丑居山之上。《海外西经》

　　译：女丑生前是被十个太阳炙烤而死的。她的尸体在丈夫国的北面。女尸的右手掩盖着自己的脸。十个太阳就在她尸体的上空，女丑的尸体在山顶上。

1.各色纸张、剪刀、铅笔、橡皮、订书机等。
2.胶棒、牙签等。

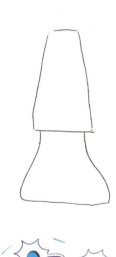  

第95课　氐人国

原文： 氐人国在建木西，其为人人面而鱼身，无足。《海内南经》

译： 氐人国位于建木的西边，那里的人都长着人的脸孔，身体却像鱼一样，没有脚。

工具与材料

1.各色纸张、剪刀、铅笔、橡皮、订书机等。
2.胶棒、牙签等。

创作过程

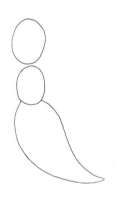

　　根据了解到的资料，抓住创作主体的主要特征，进行构思。"其为人人面而鱼身，无足"即：氏人国的人长着人一样的脸，身体却像鱼一样，没有脚。这是创作对象的主要特征，那么我们在创作的时候要抓住这个特征。

　　在心中想象出主体的形象，然后再用基本形状和线条来概括主体形象。如：头部——椭圆形；身体——椭圆形；鱼尾——水滴形。

　　根据心中的想法，完成主体形象，然后添画背景，注意：背景不能喧宾夺主。

用橡皮擦去多余的线条。注意：今天我们学习的是彩贴剪纸，一般先剪出剪影，然后进行拼贴，所以是不需要画剪纸符号的。

装订完后，开始剪纸。注意：装订的时候一定要订黑色的纸张，其他颜色随意。

先剪内再剪外轮廓，剪完外轮廓后，得到黑色的剪影和白色的底稿。在白色底稿上设计图案，要考虑颜色搭配。

根据自己的想法，剪出大小合适的纸片，贴在需要的位置。

粘贴重叠颜色的时候，先粘下方的颜色，然后依次向上叠加其他颜色。如上图：身体上的花纹，先剪最下方紫色，贴好后，再剪绿色，再贴好，依次类推。

完成作品后，可以用胶棒将作品粘贴在白色卡纸上。也可以直接夹在白纸里面保存。

小知识

库淑兰（1920-2004），陕西咸阳旬邑县赤道乡富村人，中国民间剪纸艺术杰出的代表人物之一，中国民间工艺美术大师，被誉为"剪花娘子"。

1996年，她被联合国教科文组织授予"杰出民间艺术大师"称号，系首位获此称号的中国人。以库淑兰为代表的彩贴剪纸已被列入国家级非物质文化遗产保护名录。

库淑兰在中国的民间艺术中，历史性地开创了两方面的先河：

1.库淑兰打破剪纸艺术中以单纯的模仿来传承的传统；

2.库淑兰独创了一种前无古人的表现其自我灵魂中真善美的艺术模式——剪贴画。

单元作业：用彩贴技法，创作一幅彩贴剪纸。

拓　　展：用四分之一团花折法创作一幅彩贴剪纸。

第96课　三株树

原文： 三株树在厌火北，生赤水上，其为树如柏，叶皆为珠。一曰其为树若彗。《海外南经》

译： 三株树位于厌火国北方，生长在赤水河边。这种树像柏树一样，它的叶子如同珍珠一般。还有一种说法是这种树的形状像扫把。

1.各色纸张、剪刀、铅笔、橡皮、订书机等。

2.胶棒、牙签等。

创作过程

第97课　犬封国

原文：犬封国曰大戎国，状如犬。有一女子，方跪进杯（bēi）食。《海内北经》

译：犬封国也叫大戎国，这个国家的人都貌似狗。犬封国的女人，跪在地上进献杯装的食物。

1.各色纸张、剪刀、铅笔、橡皮、订书机等。
2.胶棒、牙签等。

创作过程

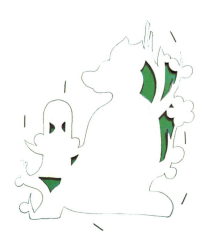

第98课　女娲

原文：有国名曰淑士，颛顼之子。有神十人，名曰女娲之肠，化为神，处栗广之野；横道而处。
《大荒西经》

译：有个国家叫淑士国，这个国家的人是颛顼帝的后代。有十个神人，名叫女娲肠，就是由女娲的肠子变化而成神的，在栗广的原野上；他们阻断道路居住于此。

工具与材料

1.各色纸张、剪刀、铅笔、橡皮、订书机等。
2.胶棒、马克笔或水彩笔等。

创作过程

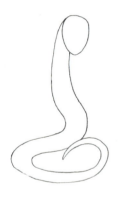

根据了解到的资料，进行构思。在心中想象出主体的形象，然后再用基本形状和线条来概括主体形象。如：头部——水滴形；身体——不规则形状。

根据心中的想法，添画头发、装饰等，完成主体外形。

用橡皮擦去多余的线条后，添画剪纸符号，然后再简单画背景。

装订。注意：装订的时候，至少要订1-2张白色的生宣纸。

按照由里及外的顺序开始剪纸。

剪完外轮廓后，我们得到数张白色生宣纸做成的剪纸。

将剪完的白色生宣纸剪纸作品放在报纸或毛边纸上。用马克笔染色。

注：染色剪纸一般多用白色生宣纸，纸薄易洇染。剪刻完后，用品色加白酒调和，品色加酒后渗透性强，一次能染3-5张。由于品色不容易购买，我们可以用马克笔来染色。马克笔是一种书写或绘画专用的绘图彩色笔，本身含有墨水，又名记号笔。马克笔易于操作，颜色丰富，我们可以选用合适的颜色。

染色时要注意，相邻的颜色尽量差开来染，以防相互渗透，变脏。

染的时候，准备纸巾。由于马克笔水量大，生宣又易吸水，容易渗色，这个时候就要用纸巾立刻按压在渗色的地方，吸取多余的颜色。

完成后，需要等颜色全部晾干，才能粘贴到白色卡纸上，或者夹到白纸里面存放。

小知识

王老赏（1890-1951），河北省蔚县南张庄村人，是中国著名的民间艺术师，也是蔚县剪纸世术开宗立派的人物，是蔚县剪纸的重要奠基人。相传王老赏从七八岁开始学习点染窗花，王老赏是他那个时期的蔚县剪纸艺术的集大成者，蔚县剪纸艺术在他手里完全形成了自己作为一个独立剪纸艺术品种的独特风格。

单元作业：掌握染色技法，创作一幅染色剪纸。

拓　　展：尝试用连续对折的方法，创作一幅染色剪纸。

第99课　龙首鸟身山神

原文：凡䧿（què）山之首，自招摇之山，以至箕尾之山，凡十山，二千九百五十里。其神状皆鸟身而龙首。其祠之礼：毛用一璋（zhāng）玉瘗（yì），糈（xǔ）用稌（shǔ）米，一璧，稻米、白菅为席。《南山经》

译：䧿山山系，从招摇山到箕尾山，共十座大山，绵延二千九百五十里。这里的山神都是鸟的身体龙的头。祭祀礼仪是：用毛皮把一块璋和一块玉包裹起来埋在地下，用稻米当作祭祀用的精米，用白色的草菅来做山神的坐席。

1.各色纸张、剪刀、铅笔、橡皮、订书机等。

2.胶棒、马克笔或水彩笔等。

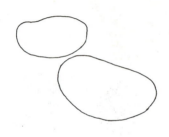

第100课　三青鸟

原文：蛇巫之山，上有人操柸而东向立。一曰龟山。西王母梯几而戴胜、杖。其南有三青鸟，为西王母取食。在昆仑虚北。《海内北经》

译：在蛇巫山，山上有个人手持一根法器面向东方而站。也有人说蛇巫山叫龟山。西王母倚靠着几案，头戴玉胜，手持神杖。她的南边有三青鸟，三青鸟专门为西王母到昆仑墟的北方觅取食物。

1.各色纸张、剪刀、铅笔、橡皮、订书机等。

2.胶棒、马克笔或水彩笔等。

 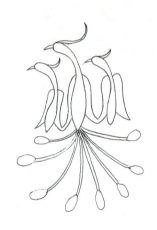 

后 记

我的姥姥和母亲是闻名十里八乡的剪纸能手，所剪的鱼虫花鸟活灵活现，栩栩如生。尤其是她们所剪的"月亮"和各式各样脸盆花、馒馒花、双喜字等，更是我们这里结婚办喜事必不可少的装饰品。"月亮"即周围带有毛刺的团花，多表现喜庆吉祥纹样，是茌平的传统民间剪纸。从古至今，茌平一直保留着结婚的前一天要贴上"月亮"，结婚的当天，新娘子进入新房后，要由本村内的一个媳妇抱着自己的小子，并让小子把"月亮"撕破的风俗。

我自小就喜欢剪纸，尝尝为剪纸而废寝忘食。小时候接触最多的就是茌平最原汁原味的民间传统剪纸，如：石榴莲、凤凰戏牡丹、瓜蝶绵延、鱼戏白莲等。老人们经常一边念叨着"石榴莲，石榴莲，生个儿子做状元""凤凰戏牡丹，全家都喜欢""猴骑羊，比人强"等，一边手中上下翻飞，不一会就剪出一个精美的剪纸作品，并能对着剪纸讲出个头头道道。小时候的经历，为我的剪纸学习打下了坚实的基础。

1999年我光荣地成了一名小学教师，由于单位所在农村地区，经常能看到附近村里的老大娘们，一边在胡同口唠嗑，一边手中不停地剪出这样那样的剪纸花样，有鞋面上、帽子上、枕头上用的剪纸绣花样，也有为哄小孙子，随意剪出的扫天婆婆、拉手娃娃和抓髻娃娃。

2009年，聊城市茌平区教育和体育局（原茌平县教育局）在全县中小学开展了"剪纸进课堂"活动，我担任了本次活动的骨干教师，为了教学，我四处搜集有关剪纸的资料，并学习先进的教育教学理念，如饥似渴地汲取着剪纸及教育教学专业知识。

2011年我首次参加了全国"廉政"剪纸艺术大赛获得铜奖，这是我所获得的第一个剪纸奖项。在赴河南领奖时，我结识了很多全国各地剪纸艺术家，他们的作品令我耳目一新，他们的点拨激发了我的剪纸创作灵感。剪纸技法与教学经验的互相交流学习，让我在剪纸教学中积累了一定的经验，我所指导的学生在县剪纸比赛中脱颖而出，多次被推选参加全国青少年书画剪纸大赛，屡获大奖，我也多次被评为优秀指导教师。

2014年，因工作需要，我调入区实践基地工作，每年所接触的中小学生多达万人，结合以前积累的剪纸教学经验，我大胆进取，锐意改革，对校本剪纸做了大量的升级与补充。

2015年，我被县文化馆聘为"剪纸公益课堂"特聘教师，为了能更好地针对成人进行剪纸教学，我自费购买了大量剪纸书籍，走访了多位剪纸艺术家。开发了一系列适合成人学习的剪纸教程。同年5月我创办了【美在民间剪纸艺术】公众号，将全国各地剪纸艺术家的剪纸作品进行收集、分类、整理，累计发布剪纸图文千余篇，剪纸图片不计其数，深受全国各地读者的喜爱与欢迎，累计粉丝达到10万余人。以公众号为依托，我陆续发布了一系列适合成人和中小学生学习的原创剪纸教程，如：《花样双喜字》《巧剪手帕春》《红星闪闪》《四季花开颂党恩》等，目前累计发表剪纸图文及视频教程130余篇。

《山海经》为我国先秦文化杰作，是一部富于神话传说的最古老的书籍，我们所熟知的精卫填海、夸父逐日等均出自此。自2009年起，我便利用空闲时间，开始创作《山海经》系列剪纸。为什么要以《山海经》为创作对象？很多人这样问过我。每当这个时候我总是忍不住流泪，可能是因为小时候听多了姥爷给我讲的故事吧！

姥爷是一个讲故事能手，冬天农闲的时候，姥爷就会讲一些奇奇怪怪的故事，村子里的小伙伴们经常聚集到我家听姥爷讲故事。初中毕业后，我闲来读了很多书，才知道原来姥爷讲得故事有很多是《三言两拍》中的。但故事中的九尾狐、肥遗、帝台之棋等等，我都不知其来源。2007年春，姥爷去世了，他的突然故去令我很是难过，难过之余也很遗憾，没有将姥爷讲的故事记录下来。2009年的一天，我无意中在新华书店翻到了《山海经》，打开书第一页："有木焉，其状如榖而黑理，其华四照。其名曰迷榖，佩之不迷。有兽焉，其状如禺而白耳，伏行人走，其名曰狌狌，食之善走。"看到这行文字，我的眼泪瞬间夺眶而出，这不就是姥爷讲过的故事吗？

我久久地站在那里不住的流泪，往后翻看，原来姥爷讲过的一些事物都是《山海经》中的。姥爷不认字也不会写字，那个时候我年仅七八岁，认识的字也不多，所以有很多方言我也只是记音，而弄不清字应该如何写，如"女尸"我误认为是"女士"，"肥遗"我误认为是"肥姨"……有的时候被我问急了，姥爷就会用树枝在地上画图："它长得这样。"

我萌生了要把姥爷讲的《山海经》中的故事剪出来的想法。开始，把所有的作品做成了单色剪纸图集，后经很多剪纸前辈提出建议，认为应该把各种剪纸的表现方法都加以体现，并要体现剪纸过程，这样便于初学者学习。

经过反复修改、补充、整理。10余年过去了，这本涵盖了十余种剪纸技法的剪纸教程，终于要出版了，我心中百感交集！

感谢！感激！感恩多位剪纸艺术家对我的关心与厚爱；特别感谢茌平区教体局美术教研员吉凯丰老师百忙之中为本书作序并题写书名；感谢李新老师为本书校对文字；感谢翟进老师为本书录制剪辑视频教程；感谢区教体局多位领导及各位同事对我的帮助与鼓励……你们所有人的支持都是我不懈奋斗的源泉和动力。

这本书可以说是我多年的心血，虽为其竭尽全力，但因个人水平有限，难免有不尽如人意之处。各位读者阅后，如有建议，欢迎扫下方二维码添加我微信反馈，欢迎关注【美在民间剪纸艺术】微信公众号共同学习交流。

田田

辛丑夏于剪纸之乡山东省聊城市茌平区

作者微信

【美在民间剪纸艺术】
微信公众号

作者抖音

欢迎加作者微信，进入【《山海经》剪纸学习交流】微信群，共同学习交流剪纸技艺。